ル・コルビュジエ

八束はじめ

講談社学術文庫

目次

ル・コルビュジエ

序章　ル・コルビュジエとは誰か？

地中海の底知れぬ紺碧と射るような強烈な日差し。それは太古に太陽神に捧げられた生贄の秘儀を連想させる。生と死とのコントラストと抗争もついには碧く豊かな地中海の懐に抱きとられていく。それは何千年にも亘《わた》る地中海文化の記憶を呑みこんで己れ自身は変ることがない。一羽の鴉（からす）がこの母なる海に帰っていった。文字通り、身一つでしかない肉体に、限りない生命への渇きと永い血脈への信仰とを潜ませ、欲望と形容した方がより適切な情熱と抜けめない叡知との相克に目を血ばしらせていた鴉がである。それはまた、何千年来の秘儀の繰り返しではなかったろうか？　こうした問いは、またもう一つの問いを惹起しないではおかない。つまりこの賢い鴉《コルボー》とは何者であったのか、と。

好んで「鴉」と名のっていた建築家、都市計画家、画家、彫刻家、著作家ル・コルビュジエ（しかし、これすらも本名ではないわけだが）が南仏ロックブリュンヌ（カップ＝マルタン）での水浴中に心臓発作で世を去ったのは、一九六五年の八月二七日の真昼時に近い頃である。ロックブリュンヌには彼の永年の友人であった編集者＝建築家ジャン・バドヴィッチと女流建築家＝家具デザイナー、アイリーン・グレイが自分達のためにデザインしたリゾート・ハウスがあった。人々も家もそして場所も気に入っていたこの現代建築の巨匠は、しばしばここに好んで滞在したばかりか、戦争が終ったばかりの一九四五年には、その居間に壁画を画き（後にグレイとのトラブルとなった）、家の下方の岩壁には自分用のキャビンを建てた。コルブ（人は彼をしばしば敬愛と親しみをこめてこう呼んだ。鴉の異名はそこに起因している）は夏のバカンスにはこの四メートル×二メートルのバラックの中で、自身のことばを借りれば「修道僧のような暮らし」を送り、しばしば海にも出ていたが、この日も岩の間を海に向かう小道を降りて行き、そして再び帰ることはなかった。医者の禁をおかしての水浴であったために、よくあるように、自ら死を決してのことではないかという憶測がとび交ったが、もはや証明すべき術もない。「建築とその神話」という副題をもつ伝記の中で、スタニスラウス・フォン・モースは、巨匠の最後の会話をこう記録している。「年をとったことを感じていなかったわけではなかったこの七八歳の男は、隣人のチューリヒ出身のシェルベール夫人とヴェニスの病院（最後のプロジェクト――引用者註）についての話を次のように打ち切った。『ご覧の通り私は間の抜けた年寄りですよ。しかしまだ頭の中には少なくとも百年分の計画はあるつもりです。それじゃ、またあとで！』」。憶測の如何とは別に、ル・コルビュジエにとっての死とは、生命の摩滅・衰乏の同義語ではなかったのではあるまいか？　地中海は生命力と創造力の源であり、そこへの回帰は、無残な骸《むくろ》のイメージとは遠い。もちろん、これは詩的に昂進されたイメージにすぎない。しかし、それはル・コルビュジエの生涯を通して伴いつづけてきたものなのである。

前述の伝記の中で、モースは結びの章をこう書き出している。「ル・コルビュジエとは結局のところ誰であったのか？　彼の真の伝記はまだ書かれていない」と。またジャン・プチもその評伝の最後をモースと同じ問いかけで締め括っている。これらの問いはモーリス・ベッセの評伝 “*Qui était Le Corbusier?*”（ル・コルビュジエとは誰であったか？）の書名を借りたものである。ベッセの本は他の芸術家たちの評伝とシリーズをなす一冊で、“Qui était……?” はその共通のタイトルだから、とりわけてル・コルビュジエのみに冠されたわけではない。しかし、にも拘らず、この年を経た鴉には、このような問いかけを要請するに相応しい何ものかがある。イギリスの建築家アリソン・スミッソンは、「あなたが何か新しいことを考えたと思っても、コルブはそれをもうやってしまっている」といった。ここでのル・コルビュジエは近代建築の言語そのものであり、他のすべての建築家にとっての強迫観念《オブセッション》となる。アメリカの評論家チャールズ・ジェンクスは、半面が太陽（アポロ）、半面が蛇の髪をした怪物（メドゥーサ）をもつ異様な顔のル・コルビュジエのスケッチの中に、コルブ自身の二重性を見た。ここでのル・コルビュジエは謎めいた両極性のうちに分裂する。彼は何処にでもいる。遍在するコルブ。それは今日でも問いかける。「私は誰であったのか？」そして、回答は、いちいち組み立てられていかねばならない。

図1　スケッチ（1944–45）

第一章　見出されたもの

鎮まらぬ太陽の輝き、なやましい海、あまりにも、あまりにも不変で永久なもの。ああ、戦うのだ！　動き、叫ぶのだ！　創造するのだ！　ものみなすべてがまどろみ、空間がゆるやかに流れ、回転してゆくのが感じられるような朦朧とした酩酊の中を、未定の計画や途方もない希望のために気を高ぶらせて、船はすべるように出帆し、波を打ち、平らかな海に突き進み、転回し、真っしぐらに南へと向ったのだ。

（ル・コルビュジエ『東方への旅』）

後のル・コルビュジエ、即ちシャルル＝エドゥアール・ジャンヌレは、一八八七年一〇月六日、スイス、ジュラ地方の小さな町、ラ・ショー＝ド＝フォンに生まれた。ラ・ショー＝ド＝フォンは時計産業の中心地の一つであり、彼の父も祖父も時計の文字板の絵付け師として働いていた。一〇〇歳で没するまで息子の愛情の的でありつづけた母は音楽家で、シャルルの兄アルベールはこの母の感化を得て作曲を志し、後に弟がピカソやレジェなど近代絵画の旗手たちと交わったのと同じように、ストラヴィンスキーや同郷のアンセルメと交わってそれなりに一家をなした。ジャンヌレ家はとり立てて名家ではなかったが、一五世紀にまで遡れる古い家系であり、祖先は南フランスに広まり、その異端性の故に迫害を受けたアルビ派に属していた。ル・コルビュジエ自身が書いているように「人々が我々をかつて根絶やしにしようとした」ために、ジャンヌレ家の人々は同宗の人々と共に難を避けて、スイスに移住してきたのである（ラ・ショー＝ド＝フォンは、またそれ以外にもバクーニンやクロポトキンなどの亡命の地でもあった）。アルビ派に備わっていた〈精神＝善〉と〈物質＝悪〉との相克として諸々の現象をとらえるマニ教的な二元論の伝統は、先に述べたアポロ／メドゥーサ的な二元性としてル・コルビュジエにも生きつづけ、彼自身、それを充分に意識していた。同じアルビ派の末裔にはジャン＝ジャック・ルソーがある。この二人のスイス人は共にパリに出て時代の反逆児としていわば祖先の迫害への復讐を企てたことで共通している。彼が意識していた家系の血脈はもう一つある。「私は自分の祖先を恥じてはいない。ヌーシャテルの山々は、自発と利発さと、努力の過去をもっている。一八四八年三月一日、私の祖父ジャンヌレ＝ラウス、またの名ル・ブゴンは、フリッツ・クルヴォアジエと共に徒歩でラ・ショー＝ド＝フォンからヌーシャテルに下り、一滴の血も流すことなく城を占領した。祖父は革命の指揮者の一人なのである。私の曽祖父もまた革命家であり、牢獄生活がもとで亡くなった」。迫害された異端と革命家のイメージ。共に後のル・コルビュジエ自身が辿る道筋を暗示するようなものである。あるいは、うがった見方をするならば、コルブ自身が好んで身にまといたがったイメージであるといってもよい。

シャルル＝エドゥアールは一三歳の時に地元の装飾美術学校に入学した。ここでの主たる目的は時計産業に関わる工芸の修練を積ませることであり、彼も時計の側面の彫刻を三年間学び、一九〇二年にはトリノの装飾美術博覧会において時計の彫金で賞状を受けた（ジャン・プチの本によればトリノではなくミラノとなっているが）。トリノの博覧会はライモンド・ダロンコのスティロ・リバティ（イタリア版アール・ヌーボー）のデザインを施されたパビリオンにより歴史に名をとどめている。アール・ヌーボーの中でもとりわけ装飾過多ぎみのダロンコのデザインがシャルル＝エドゥアールの意に沿うものであったとは考えにくいが、少なくともこの修業時代においては彼もまた、全欧的なアール・ヌーボー＝ユーゲントシュティルの波から遠い所にいたわけではない。それは過渡期的な現象の常としての両面性をもつ運動であった。つまり一面における後退的性格（装飾＝美術家の延命を企てるモチーフの洗練化・多様化）と、他面における進歩的性格（新しい材料、構法の模索と時代趣向に合った装飾モチーフの探求）とが、必ずしも分かち難い有り様で併存していた。時勢の必然としての機械化＝工業化の波という状況と工芸家のステータスとの均衡をどう見出すかという問いが、久しく前のアーツ・アンド・クラフツ以来、時代の問いとなりつつあった。バウハウスの礎を築いたアンリ・ヴァン・デ・ヴェルデや、ジャンヌレが後に一時期ドラフトマンとして働いたペーター・ベーレンスも当時はこの流れの中にいた。スイスの田舎町にあっても事情に変りはない。時計産業という、機械化に密接な関わりをもたざるを得ない応用工芸を、町の生計の支柱としていたからにはなおさらのことである。時代の流れにとり残されることは、即、町の命運を断つことになりかねなかった。ドイツやフランスでは既に大量生産の時代に移行しつつあった。革命とはいわなくとも、改革は不可避であった。若いジャンヌレにとっての幸いは、この改革の旗手を師にもったことである。

画家＝教師シャルル・レプラトニエが歴史に名を残したのは、確かに彼の教えた天才的な一人の生徒の故であったろう。そうでなかったら、その名はラ・ショー＝ド＝フォン／ヌーシャテルの狭い圏域を出ることはなかったに違いない。しかしローカルではあっても、それはジュラ地方に固有なスタイルの確立を目指した彼自身の選びとったものであったし、彼の影響は、弟子がその狭い地方主義からインターナショナリズムへと転身し、師の元から離れて世界の巨匠となった後にも、形を変えて残った。近年のル・コルビュジエ研究の中で、この師とジャンヌレの形成時代に多くの注目が払われ出したのは、由なしとはしないのである。実際、どのみちさほどの将来性を見出せるわけではない時計工芸に見切りをつけさせ、また画家を志そうとしたジャンヌレに建築家への道を歩ませたばかりでなく、レプラトニエはジャンヌレの修養の上で多大の決定力をもった様々の本をも彼に与えた。その中に含まれていたオーウェン・ジョーンズの『装飾の文法』やシャルル・ブランの『デッサン術の文法』のような本は、装飾を単なる恣意的で折衷的な手なぐさみとせず、もっと自然や合理性に基づいたものとして位置づけるものであった。ジョーンズの、過去の装飾と自然、とりわけ木のモチーフとの関連の分析は、レプラトニエのジュラ地域主義への志向性とよく合致するものだったし、有機的成長体としての木の社会や人間とのアナロジーはまた、この頃ジャンヌレが愛読したラスキンの思想でもあった。一九〇五年にレプラトニエのはからいとその知り合いの建築家の助力によって一七歳のジャンヌレに与えられた最初の建築作品、ファレ邸では、彼は同じく故郷の美術改革を目ざす友人たちの手も借りて自らファサードの一つの施工を行うことまでしたが、ここで支配的な装飾モチーフがジュラ地方の花や動物、そしてとりわけ樹木のそれであったことは当然の成り行きである。後のル・コルビュジエが、このファレ邸以降のラ・ショー＝ド＝フォンでのいくつかの作品群を単なる習作としてしか認めていなかったことは、「全集」（以下、スイスのアルテミス社から出ている全八巻の、本人の校閲による、「ル・コルビュジエ全集」を指す）に編入しなかっ

図2　ファレ邸（1905-07）

たことからも知れる有名なことだが、確かに「住居機械」の革命性からは遠いにせよ、この「若書き」にも見るべきものがないとはいえない。とりわけ装飾モチーフを幾何学的に抽象化・単純化することによって、アール・ヌーボーの装飾過多な恣意性から逃れ、もっとモダンな、いってみれば後のアール・デコ的な性格を示していることは注目されてもよい。新しい地域主義的な装飾への道ははっきりとそこに刻印されている。ジャンヌレが結局はそこから大きく脱皮していってしまったといっても、この彼の才能を容れるには確かに小さすぎたには違いない世界にもまた見るべき魅力はある。しかし、もちろん我々もまたそこに留まるわけにはいかない。

レプラトニエがジャンヌレに示した別の方向性は、形而上的な精神主義である。エドゥアール・シューレの『奥義を極めた偉人たち』はラマ、クリシュナ、モーゼ、ヘルメス、ピタゴラス、プラトンらの群像を神秘主義的にとりあげ、若きジャンヌレの預言者的人物への志向を育んだ。『ツァラトゥストラかく語りき』がこの頃の彼の愛読書の一つであったこともこの傾向をよく示している。もう一つの愛読書、建築家アンリ・プロヴァンサルの『明日の芸術』は反実証主義的なプラトニズムによって、ジャンヌレの思想的骨格を形づくった。フォルムが純粋幾何学のうちにその精神性を表現するというようなプロヴァンサルの思想は、よくいわれるような幾何学のプラクティカルな合理性よりも、むしろ能《よ》く後年のル・コルビュジエのピューリズムを説明する。「思想の調和のとれた立方体的表現」というようなプロヴァンサルの修辞的いい回しは、極めてル・コルビュジエ的だが、それ以上に後者の有名な「建築とは光の下に集められたヴォリュームの壮麗、正確かつ巧緻な戯れである」という定義は、プロヴァンサルの「光と影の戯れ・密と虚の……造型のドラマ」という定義の殆んど逐語的な引き写しである。

ピカソが記念碑的な「アヴィニヨンの娘たち」を画いた一九〇七年にジャンヌレは、ファレ邸の報酬を元手に最初の国外旅行に出かける。最初に出かけたイタリアの中で、とりわけフィレンツェ近郊のガルッツォはエマのカルトジオ会の修道院の体験に生涯に残る感銘を受けたというエピソードは、ル・コルビュジエのどんな評伝にも語られている有名なエピソードである。「個人生活と共同生活とが互いに高め合い、調和した組織が感じとられる」とジャンヌレはこの修道院について書いたが、切りつめられた材料の経済が要求する厳正さ――ル・コルビュジエの機能主義とはまさにそのようなもの以外ではなかった――に基づく原型的な空間と生活（共同体）との対応は、ピューリリズム時代のエスプリ・ヌーボー館にも、ブルータリズム時代のユニテ・ダビタシオンにも、スタイルの如何を超えてそのまま受けつがれている。ジャンヌレはイタリアからブダペストに回り、更にウィーンに出て、そこに半年間留まった。ヨーゼフ・ホフマンの率いるウィーン工房へのレプラトニエの熱狂がその一つの理由であったらしいが、ジャンヌレは新しい時代の要請に応えるほどのものをホフマンの古典主義的な抑制の利いた趣味の良いユーゲントシュティルには見出さず、せっかくホフマンの方からなされた雇用の提案にも首を縦にふらなかった。むしろジャンヌレのウィーンでの生活はグスタフ・マーラーの指揮下にあった国立オペラ通いや、ファレ邸につづくストッツァー邸、ジャクメ邸のデッサンに費やされた。

翌一九〇八年、ジャンヌレはパリに出た。彼がホフマンのもとで働くことを望み、パリを堕落したまちと見なしていたレプラトニエや父ジャンヌレは激怒したらしいが、ジャンヌレはワグナーやホフマンは新しく、パリはアカデミックだという見方は表面的なものに過ぎないという感想をもった。当時の話題の建物はサマリテーヌ百貨店だったが、フランツ・ジュールダンのデザインによるこの建物は時代遅れのドームが上にのっていたので物笑いの種にもされていたものだが、ジャンヌレは、鉄骨造に全面ガラスの、やがてカーテン・ウォールとよばれるようになった、非耐力壁のファサードに目を見張った。後にモスクワのセントロソユーズに採用されたシステムはここに由来しているとル・コルビュジエは述懐している。ジャンヌレがウィーンよりもパリの方を向いたのは、この修業時代を通して徐々に明らかになっていく反ゲルマン的なラテン＝地中海性志向の最初の萌芽とも見なし得るが、それ以上に「新しさ」の領域がレプラトニエが見ていたような応用美術＝装飾芸術以外の所に求められ出したことをも示している。この時点でジャンヌレは、レプラトニエとは対照的な第二の師と目見える。オーギュストとギュスターブのペレー兄弟である。

〝一九〇〇〟と呼ばれるプロト・モダニズム的運動の指導者の一人、装飾家でポスター・デザイナーであったウジェーヌ・グラッセ（ジャンヌレはラ・ショー＝ド＝フォン時代に彼の本『装飾構成の方法』に親しんでいた）を通じて、ペレーのアトリエに入所したことは若いジャンヌレにとって、すべてを学び直すことであった。後年、しばしば傲慢ですらあったル・コルビュジエも、この時代には方向性を見失って絶望と希望の間を右往左往する世の野心的な若者たちの常と変らなかったらしく、レプラトニエに宛てた手紙にはその間の状況が書かれている。「パリについて私は内に広大な空虚を感じ、こう自分にいい聞かせました。『可哀相に、お前は何も知ってはいないのだ。ああお前は自分が知らぬということをしか知ってはいないのだ、と』……ペレー兄弟は私にとって鞭でした。彼らは私にいいました。『お前は充分に分ってはいない』と」。ペレーは今日では、近代建築の創始者の一人として歴史上のビッグ・ネームだが、この当時の名声は少なくとも国際的に確立されたというほどのものではなかったらしい。二年後にジャンヌレがドイツに赴いた際、ペレーこそ新方向を歩んでいる唯一の人物であると語って一笑されたというエピソードが残されている。しかし、ジャンヌレが代表作フランクリン街のアパートの一画にあるアトリエで働いていた頃のペレーは「英雄的役割」を果たしていた、と若き日のル・コルビュジエは書いている。

「ペレーは時しもポンテュー街のガレージとフランクリン街の彼のアパートの建築を終えたばかりであった。当時ペレーは満腔の闘志をもって凛然と公言していた。『私は鉄筋コンクリートで建築する』と。当時にとってはそれは全く一種の宣戦布告であった。それは真に英雄的な時代であり、オーギュスト・ペレーはまさにこの時代の人間であった」(『今日の装飾芸術』)。

「全集」の第一巻の序文には、パリの地下鉄の主任技師がたまたま病を得たエコール・デ・ボーザールの構造の教授の代理として鉄筋コンクリートに関する講義を行おうとした所、学生たちが我々を土建屋と一緒にするなといって大騒ぎになり、主題を変更せざるを得なくなったというエピソードが紹介されているが、ペレーのアトリエもまた、鉄筋コンクリートの使用の故にボーザールの学生に適した実習所としては認可されないという有り様であった。しかしジャンヌレを魅了したペレーはまさにこの新しい材料を駆使する「建設者」としてのペレーであった。ジャンヌレはペレーのアトリエでパート・タイマーとして働く傍ら、ボーザールの建築史の授業を聴講し、美術館通いをし、ペレーのすすめで数学や力学を学び、またショアジーやヴィオレ＝ル＝デュクなど一九世紀の合理主義者たちの著作にも親しんだが、鉄筋コンクリートのノウ・ハウの取得への関心はとりわけ大きなものであった。レプラトニエやホフマンのもとでは決してあおられることがなかったであろう関心である。それはペレーの影響のみならず、三歳年長で同郷の幼なじみ、マックス・デュ＝ボアとの交友がパリで復活したことによって一層のものとなった。デュ＝ボアはギムナジウム生活をジャンヌレと共に過した後、チューリッヒの連邦工科大学(ＥＴＨ)で土木工学を学び、パリの土木事務所に就職していたのだが、ＥＴＨ時代のデュ＝ボアの師メルシュは鉄筋コンクリートの権威であり、デュ＝ボアはその著作『鉄筋コンクリート建築』の仏訳を行っていた。この著書では鉄筋コンクリートのフレーム・システムの工場建築への応用性が、構造の軽さ、ファサードの自由などのメリットと共に説かれていた。ジャンヌレはこの著書にいたく刺激を受けて、後のドイツ行きの際にメルシュの事務所ないしは他の鉄筋コンクリートを扱う構造事務所への入所を希望さえしている。こうした合理的な技術への熱狂はその後のドミノ・システムの発案へとつづいていくのだが、その中でジャンヌレが見出したものが単なる近代的な合理主義であったかどうかを断言することは難しい。あるいは今日から見て近代合理主義と語られるようなものが、当時ジャンヌレのみならず誰の目にでも全体としてはっきり見えていたと仮定することも難しい。発見の道筋は、そのような明快すぎるキャッチフレーズで割り切るには、殆んどの場合、あまりにこみ入り、錯綜しすぎている。それは確信に満ちた足並というにはむしろ遠い。ジャンヌレが見出したものは一からやり直さねばならぬという確信以外のものではおそらくなかった。レプラトニエ宛ての手紙の一つをジャンヌレはこう結んでいる。「しかし目は腐敗しているのです。四肢も同様に！」。また別の手紙では「おごりは彼らの生活の根底から引き出されます。彼らは壁を美しい色で覆い、美しさをしか知らぬことを信じているのですが、多分彼らの美とはみじめにも偽りのものです。それはつくりごとなのです。表面の美しさ、当然のこととしてたまさかの美」とも書く。ここでは、既に、テーゼとしては二〇年代に入ってからのル・コルビュジエのそれが、発見されている。「たまさかの美」と「本質的な美」とを区別しようとする古典主義美学――それは「住居機械」の傍らにも常に在って、ル・コルビュジエが最後の人文主義者であることを証し立てていくものだが――も既に確立されている。しかしまだ公理の上でだけである。古典主義と鉄筋コンクリートの間をどう埋めるかは未だ見出されてはいない。確信はまだ直観の領域から外に出ているわけではない。「腐敗した目」への呪詛が『建築をめざして』の「ものを見ない目」への弾劾（それはもう既に如何に何を見るかを確信し、かつ知っているまなざしによって書かれている）になるまでは、なお今しばらくの時を要した。

一九〇九年になるとジャンヌレは一たんラ・ショー＝ド＝フォンに帰郷するが、数ヵ月の滞在にとどまり、すぐにドイツに出かけてしまう。この短い期間に行ったことといえば、かつての学友たちと「連合アトリエ」を結成したことで、このアトリエは一種の芸術共同体のようなものの志向性をもっていたらしく、ジャンヌレはそのための建物の計画案をつくっている。この作品は後の「全集」に掲載されている作品のうちでは最も古いものであり、同時期の他の実現された幾つかを含めた作品群が収録されていないことから見ると、ル・コルビュジエとなってからもジャンヌレにとっては愛着のある計画であったらしい。ピラミッド状の屋根をもった教室を中心に中庭をもったアトリエ群が配されているこの計画は、エマの修道院のような密集した共同体の原型的な空間を示している。それはより凝縮すればエスプリ・ヌーボー館や更にはカップ＝マルタンの「方丈」のキャビンにも行きつくし、拡大化していけばユニテ・ダビタシオンから更には「輝く都市」にまで行きつく。ポール・ターナーは、このアトリエの計画を、一見ペレーの鉄筋コンクリート造と同じようなつくりを思わせるが、実際には構造には考慮を払っていず、むしろプロヴァンサル的な幾何学的フォルマリズムを示す作品であるとして、この時期進路を模索していたジャンヌレが、帰郷と共にペレー的合理主義からレプラトニエ／プロヴァンサル的なものへと戻ってしまった証しであるとしているが、それは少なくとも地域主義への回帰——それを既に払拭してしまっていたとはいえないにせよ——ではなかったはずである。ジャンヌレの血脈の発見は、レプラトニエ的な地域主義とは遥かに異った所で行われることになる。この過程で、プロヴァンサル的——と仮りに形容すべきものとすれば——フォルマリズム（『思想の調和のとれた立方体的表現』）は、いよいよ重要な役割を果たしていくのだが、それは単純な回帰や後戻りではあり得ず、独自の発見＝再構成の過程なのである。「連合アトリエ」の単純な計画が「全集」の中への編入を作者自身によって認可されたことには、それなりの

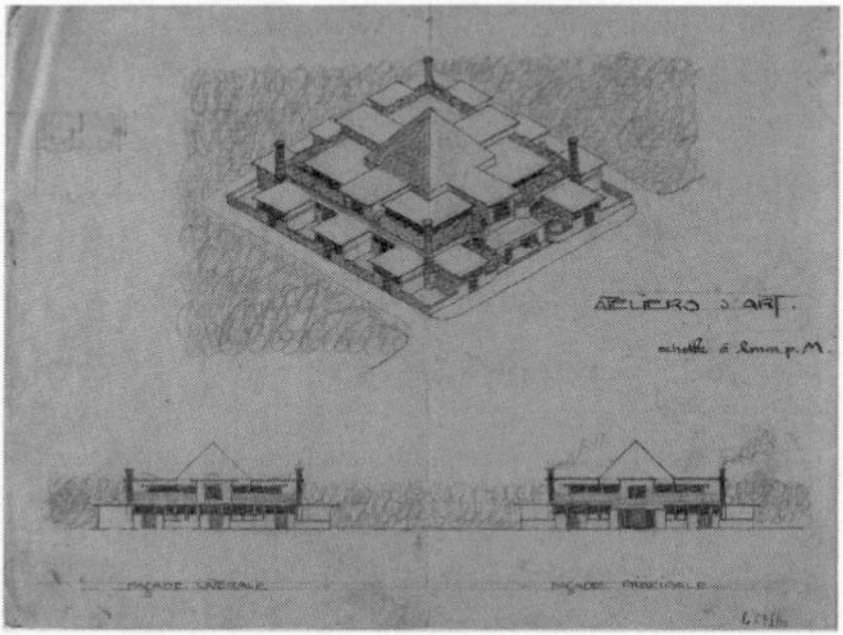

図3　連合アトリエ計画（1910）

意味があるのでなくてはなるまい。しかし発見はまだ徐々に行われていくにすぎない。

数ヵ月の故郷滞在の後に、ジャンヌレは再び遍歴の旅に出る。鉄筋コンクリートの研究が主たる目的であったらしく、前述のメルシュの事務所の扉などを叩いたりしているが、ミュンヘンに半年ほど滞在しているうちに、レプラトニエから装飾美術学校の委託として、ドイツの装飾芸術をめぐる産業の実況の調査を行うように求められる。ミュンヘンで会ったテオドール・フィッシャーを通して、ジャンヌレは各地でドイツ工作連盟の大立者たち、ペーター・ベーレンス、ヘルマン・ムテジウス、カール・オストハウス、ハインリヒ・テセナウなどの知己を得る。中でもベルリンのベーレンスの事務所には五ヵ月ほど留まって働いていた。ただし、先のペレーのアトリエの場合でもそうだが、これらの有名建築家の事務所でのジャンヌレの勤務は必ずしもフル・タイムの責任ある立場のものであったわけではないふしがある。後に近代建築をル・コルビュジエと共にリードするワルター・グロピウスとルードヴィッヒ・ミース・ファン・デル・ローエがほぼ同時期にベーレンス事務所に働いていたことは有名なエピソードになってしまったが、三人の勤務時期は各々僅かながらずれており、スタニスラウス・フォン・モースへのミースの手紙によると、彼がベーレンス事務所に入所の折に、その玄関でドレスデンへ向けて立とうとしているスイス人に会った記憶がある、というのが、「歴史的邂逅」の実態であったらしい。ベルリンとベーレンスの人柄に関しては、ジャンヌレは必ずしも芳しい評価を残していない。「ベルリンは私には醜悪な怪物、異常で非道徳なものと見えた」。そしてベーレンスは「怒りっぽい熊、気むずかし屋、かんしゃくもち」である。ニコラウス・ペヴスナーによって、近代建築のパイオニアの重要な位置に据えられたベーレンスだが、今日的な目で見ると、ベーレンスに限らずこの時代の「近代性」――近代性とはいつの時代にも存在しているものなのだ――は、いわゆる「近代建築」の諸規範から見れば、少なからず両義的なものを含んでいる。それは確かに反一九世紀的な

図4　ペーター・ベーレンス：AEG社、タービン工場（1908–10）

改革を志向してはいたが、その改革の方向を一つの直線に仕立てあげてしまったのは後世の歴史家であって、実際には、運動においても個人においても、枝は様々の方向に延びていたのである。ジャンヌレが籍を置く前年には、ベーレンスはAEG社のタービン工場を完成している。ベーレンスを近代のパイオニアとして位置づけさせたものは、ワルター・ラーテナウ（ユダヤ人実業家、新しいドイツの精神的指導者として『今後の事態』などの本を著し、外務大臣となるが、一九二二年に右翼により暗殺）と組んで行ったAEG社のための一連の仕事であり、タービン工場はそのピークを形成するものと通例評価

されている。ラーテナウの理想は、無軌道な工業、資本主義による精神の荒廃に対し、反動とは別の方向で、つまり「精神による機械の秩序への浸透」によって「機械化の先の魂の王国」を構築しようとするものであった。ドイツ哲学臭の残るもののいい方を別にすれば、それは殆んど後年のル・コルビュジエの「新精神《エスプリ・ヌーボー》」と変る所のないイデオロギーである。ベーレンスはこうしたイデオロギーに応える存在としてラーテナウに登用されて、工場からランプ・シェードに至るまでのAEGのデザインに関与した。つまりこれまで技師の領域であった所に進出した最初の建築家というわけである。この新たな領域であった所へのチャレンジによって、近代建築にとっての新しい道が開けた、とはこれまでの建築史のいわば定説になっている。しかし我々はこの手のよくできた定説を聞きすぎてきたきらいがある。建築家という、いずれにせよ人文主義的な職能の尾ひれをひきずりつづけたステータスが、このような歴史の転換期にどのような関与の仕方をし得たのかは今一度再考してみる余地がある。ベーレンスの場合はどうであったか？　確かにタービン工場では、ピン・ヒンジの柱や、大きなガラス面の非耐力壁など、新しいヴォキャブラリーが鉄骨構造の採用によって可能となっている。しかしそれはむしろ協力の構造技術者カール・ベルンハルトの功績によるものであって、もともと画家出身であり、正式な建築教育を受けたわけでないベーレンスのものではなかった。むしろベーレンスのなしたことは、この工場に神殿のような外貌を与えることであった。本来非対称の平面に対して、対称的に見えるような立面を付し、長手に走るクレーンや三ヒンジ（支点）・アーチを隠すために重々しく変形されたペディメント（三角屋根）をつけ、このペディメントをあたかも支えるかのように、実際には耐力壁でないコンクリート壁を石積みの巨大な柱《パイロン》に見せるというようなデザイン操作がベーレンスの仕事である。それが後の構造合理主義の教義からすれば、虚偽の方法であったと非難することは、この場合、うまくできすぎたパイオニア伝をゆさぶること以外には、大した意味がない。ベーレンスが意図していたことは、まさに彼が行った通りのことであったはずで、後年の読みかえは建築家のあずかり知らぬことであったからである。つまりベーレンスが行ったことは、新しい技術の導入（この点で彼の側には異議はなかった）によって、というよりもその導入にも拘らず、それに古典的な偉容を与えることであり、そうすることによって「文化」を保持することであった。このことはまた建築家というステータスの保持にもつながる。技術者には「文化」をつくり出し得ないのである。このテーゼはロシアの未来派や構成主義者たちには否定されていくものであったが、実の所ル・コルビュジエには形を変えて保持されるものであった。二人の間で異っていたのは「文化」が参照すべき対象――神殿か、機械か――である（しかし、その差異すらル・コルビュジエがパルテノンを参照する時、必ずしも決定的ではなくなる）。ベーレンスの仕事に対するジャンヌレの評価は、いささか分裂ぎみである。ベーレンスの「完璧に応用され、完璧なプロポーションを与えられ、完璧に実用的」なフォルムをつくり出す「途方もない能力」に触れたかと思うと、日記の中では

「ベーレンスの所で行われているのは純粋な建築ではない。それはファサードのものなのだ。……近代主義的な建築などではない」と批判している。前者はこの旅行の動機であったラ・ショー＝ド＝フォンの装飾美術学校の委託に対する報告書『ドイツにおける装飾美術運動の研究』（一九一二年に出版された）の一節だが、この研究報告書を、ジャンヌレは「ドイツは現実的興味いっぱいの本である。パリが芸術の中心であるとするなら、ドイツは生産のための巨大な工事現場である」としめくくっているが、日記でのベーレンス評は、その作品が「工場」でなく「芸術」でありすぎるがための批判である。統合が見出されねばならないのだ。

ベルリンで、ジャンヌレは病いを得る。充分な金ももたず、心細い思いをしたらしく「大都市は若者たちにとっては砂漠だ。そこでは彼らは無数の閉ざされた門の前で餓えて死ぬのだ」と書き残している。回復すると、彼は美術、とくにエル・グレコの研究をしていた友人アウグスト・クリップシュタインと共に再び旅行に出る。砂漠のような大都市、「怪物」のようなベルリンを後にして、ジャンヌレは東へ南へと下っていった。

ゲーテがそうであったように、北から南下していく旅は、心をいやおうなしにときめかせるものらしい。ジャンヌレの場合、ベルリンで得た病いからの治癒のための旅だったからというだけではない。彼の生地ラ・ショー＝ド＝フォンもまた、冬にはジュラの山並みの中に厚い雪によって埋めこまれるまちであった。ジャンヌレの旅はそうした記憶に背を向けて行われた。

「私は更に私の運命を決する大旅行を企てて、往時の有様を残している有名な都邑をめぐった。すなわち、プラーグを訪れ、ダニューブを下り、セルビヤを経てルーマニヤに入り、ブルガリア、アンドリノープルを訪ね、マルマラ海を渡り、イスタンブールから小アジアへ、それからアトス、ギリシア、南イタリア、ポンペイ、ローマを遍歴し、かくて私は人間性の悠久なる光栄の記念碑を見て廻った。なかんずく私の心を捕えたものは、地中海を廻る国々の芸術であった。それは実に一〇年の久しきに亘った装飾芸術と、そしてドイツ建築（いずれも雑誌によってフンダンに公表された）に対する憧憬につづいた恍惚境であった。アンドリノープルのトルコ、聖ソフィア寺院、またはサロニカのビザンチン建築、それから小アジア・トルコのペルシヤ文化。パルテノン、ポンペイ、そしてコロシアム。そして私は建築の啓示を得た」（『今日の装飾芸術』）。

二四歳の若者を待ち受けていたのは「太陽と青い海の大いなるアウトラインそして寺院の白い壁の絶え間ない呼びかけ」である。感性は急速に解放されていった。「目は働きはじめた」。更に「目は精神に先んじて進んでいった」。彼はこの旅の印象を旅行記に著している。まとまった著作としては最初のものであるこの『東方への旅』は、大戦の勃発によって実に半世紀の後に、ル・コルビュジエの死の数週間前に手を入れられ、翌年にようやく出版されるという経緯を辿ることになるのだが、その文章のあらゆる字句には、目と精神とに形づくられていた空洞がみるみるうちに満たされていく様があやまたず写しとられている。「こうして私は建築を発見した」。もちろんこうした字句をそのまま受けとってしまうわけにはいかない。東方旅行から帰った後も、ジャンヌレはしばらくジャンヌレのままであったし、ベーレンスやホフマンから幾らかも抜け出ていったわけではない。逆にペヴスナーは、一九一六年のシュウォッブ邸を、ペレーやヴァン・デ・ヴェルデが大戦前に到達していた段階に及ばない、とすら書いている。ここでジャンヌレが発見したものとは、地中海——後に彼が永遠に帰っていくもの——そのものであったといいかえてもよいのだが、それすら、概念の上ではまんざらそれまでのジャンヌレの意識とかけ離れていたわけではない。彼がパリでペレーのアトリエで働いていた頃に出版されたアレクサンドル・シングリア＝ヴァネールの著作『ルーエのヴィラの会話』においては、レプラトニエやジャンヌレの目ざしていたのと同じスイス・ロマンド（スイスのフランス語圏）地域主義の賞揚が図られていたが、ここではスイス・ロマンドの地域主義とは、北方・ドイツ的なものではなく、ギリシア＝ローマの古典の伝統に基づく地中海的なものでなくてはならないと主張されていた。ジャンヌレのもっていたこの本の余白には、「この本は私からドイツ的なものの害毒を取り去ってくれた」と書きこまれている。しかし実際の東方の風景や事物は、「全感覚を動員してこの旅を生きた」（フォン・モース）ジャンヌレに、この地中海への血脈的親近性を、あやまちようのない形で受肉化させ、刻印した。「北方の冗漫な建築からほど遠いこの東方への旅は……心の最深

図5　聖ソフィア寺院のスケッチ（1911）

奥の感性をも注ぎこむことのできる理想的輪郭をもった壺のごときものとなるにちがいない……」。アンリ・プロヴァンサルの形而上学的なフォルマリズムが、ル・コルビュジエを名のってからの『建築をめざして』において、殆んど同義語反復のような形に写しとられていることは前述したが、それは単純に反復されているのではない。この「啓示」によって十全に満たされながら反復されているのである。新しく繰り返されたそのことばには肉体が与えられている。発見とはそのようなものでなくてはなるまい。モスクについてジャンヌレは語る。

「すべてが白石灰の荘厳さの中に塗りこめられている。フォルムは鮮明であり、非のうちどころのない構造は力強さを遺憾なく発揮している」「正方形や立方体、球体といった幾何学的要素がマッスを規律に服させている。平面においては、一本の軸線の通った方形の組合わせなのである」。

中東の後は、往年のグランド・ツアーの伝統に従う。地中海はアクロポリスの神話からは永遠に解き放たれることはない。

「パルテノン、この驚くべき〈機械〉はひとり海に向かい、四時間の歩行、船で一時間で至る範囲に、その立方体の支配を行きわたらせている」「そして私は啓示を得た。建築は光の中における巨大なフォルムの芸術であり、建築こそは精神を表現する一つの系である」。

発見は、とび抜けたもの、モニュメンタルなものについてのみなされたわけではない。ジャンヌレは光の下の立方体やキューブを東方の人々の生活と共に発見したのである。後にパリをはじめとするヨーロッパ都市の狭くて込み入った街路を罵倒したル・コルビュジエだが、東方の雑踏に若いジャンヌレが感じたのは生活の歓び以外のものではなかった（抜けめなくそして堕落した商人たちと南京虫は別として）。アンドリノープルやイスタンブールの街の汚なさにただ顔をしかめるだけのヨーロッパ人たちのスノビズムに嫌悪をもよおした。

「旅行者たちと出会うことの苦痛！……彼らは心底から趣味に対する自信にあふれ、神託をふれまわりながら芸術巡礼を闊歩していた……彼らの賞讃は決して芸術家の思考にまで達することはないだろう」「トルコの木造家屋、コンヤは建築として傑作であった。……（テオフィール・ゴーチエはその本の頁ごとに、あれは鶏籠だと書いている。芸術のドグマは法皇のそれと同様、なんと頑迷であることか！）」「私が手にしているのは単純なもの、ありふれた建築物である。イタリアの片隅を、カルトジオの修道院を私は夢みていた……」（三二〜三三頁引用『建築をめざして』）。

ここで行われたのは一つの悪魔払いである。文明と未開のパラダイムが一瞬逆転する。「ある観点から見るなら、民衆芸術は最も高度な文明の上澄みなのだ。それはある規範、一つの尺度を留めているが、その原基となるものは純粋の人間にほかならない。——君が好むなら未開人といってもよいが」「……我々、中央に住むもう一つの文明人たちは、野蛮人にほかならないのだ」。グランド・ツアーという啓蒙期的な伝統が、もう一つの啓蒙期的な概念「聖なる蛮人」のテーマに行きついたことは必ずしも偶然ではあるまい。それはジャンヌレ＝ル・コルビュジエの血脈なのだ。ル・コルビュジエとは誰であったか？　このような問いを惹起しないではおかないほど、この人物は生涯転身しつづけたが、にも拘らず、ここで発見された血脈への忠誠は一度たりとも裏切られることはなかった。言語の成熟までになお時が要したとしても、それは問題ではない。目はもはや開かれているからだ。

「帰国。消化。ひとつの確信、ゼロから始めよ」。ジャンヌレはラ・ショー＝ド＝フォンに帰った。この帰国は必ずしも意気揚々としたものではなかったらしい。滞独中からジャンヌレは、未だ明確なものではないにせよ、新しい方向を摑みつつあるという実感を得ていた。前述のベーレンス批判やシングリア＝ヴァネールの本への書きこみに見られる反ゲルマン主義はその一つのあらわれである。ベルリンからレプラトニエに書き送った手紙には、ドイツの建築家たちが、工業的組織化によって可能となった国家の機能的統一性の表現として一九世紀＝シンケル的な古典の原理を用いているために、現代的感情に欠けていると批判し、一方、経済の近代化に遅れをとっているフランスでは、画家や彫刻家たちが、「幾何学的リズムであるものの中での光の戯れに対応するヴォリュームの創造」（またしてもプロヴァンサル的表現！）を行っており、経済面さえたて直せれば、それは地中海文化を神とする新しい古典主義を創造し、ドイツに後塵を浴びせることが可能であると述べている。このようなジャンヌレの立場は、ベーレンスらの企てに関しての批判としてはあたっているとしても、シンケルへのオルタナティブをフランス古典主義の伝統（「この素晴しい、また我々自身のそれに密接に関わっている所のスタイル」）に見出している限りにおいて、ラテン・ショーヴィニズムを出ているわけではない。工場に神殿の隠喩を与えること（ベーレンス）に、宮殿《ヴェルサイユ》をもって置きかえても抜本的には何も変らぬことは自明だからだ。ル・コルビュジエがベーレンスらの解答を超えるには、隠喩はもう一段階進められなくてはならなかった。しかしそれでも、この段階でジャンヌレの手にしていたパラダイムが、地域主義を（否定はしないとしても）超えたレヴェルに及びつつあったことだけは確信しておいてよい。東方旅行によってそれは、血肉化されていった。とすれば、ジャンヌレの戻るべき場所はパリでなくてはならなかったはずだ。しかし彼はラ・ショー＝ド＝フォンに戻った。たまたまイスタンブールで会ったペレーの、仕事を提供してもよいという申し出にも拘らずである。理由はレプラトニエからラ・ショー＝ド＝フォンの母校の改革を手伝うように依頼されたことにある。ペレーとの再会についてジャンヌレは「彼は自分と共にパリのすべて、近代的な詩人たちや音楽家たち、そして画家たちを運んできた」と如何にも後ろ髪を引かれるように述べ、一方ラ・ショー＝ド＝フォンでは「成功が不可能であることを私は知っているが行かなければならない」と友人宛ての手紙に書いている。ル・コルビュジエが生涯背負いつづける、挫折を運命づけられた建築家という悲劇的なイメージの、これは最初の例の一つである。そして予想通り、「私はショー＝ド＝フォンの悲しさを再び見出した。灰色の凡庸さ」。レプラトニエの改革は新しい時代の要請に応え、芸術と工業の結びつきに立った教育を可能とする新設学科をつくることで、ジャンヌレは、その教官に任命された。この新設学科はヴァン・デ・ヴェルデがワイマールにつくった工芸学校（後に美術学校と合併してバウハウスとなった）のような学校となるはずだったが、それが辿った運命もまた一〇年以上後のバウハウスと一緒であった。変革をきらう旧弊な教授陣と手工職人たちの圧力によって、この新設学科は活動停止を余儀なくされ、一四年の三月にはレプラトニエは辞職してしまう。バウハウスと違うのは、反対派の先頭に社会主義者たちが立ったことである（バウハウスの場合、それは右翼であり、左翼は擁護に回った）。「何故社会主義者が？　それは大人になって私が抱いた最初の驚きであった」。軋轢はラ・ショー＝ド＝フォンの旧弊な部分だけであったわけではない。レプラトニエとの意見の相違も決定的なものとなった。一二年八月の日記でジャンヌレはこう書いている。「レプラトニエとはすべてが終った。我々の間には何も残ってはいない。我々の考え方は全く相反している。ここに私を引きとめるものは何もない」。しかし、ジャンヌレがラ・ショー＝ド＝フォンを離れるまでにはしばらく時が必要である。この間、ジャンヌレは、連合アトリエでの仕事を行う傍ら、前述のシングリア＝ヴァネールや音楽家アンセルメらとスイス・ロマンドの地域文化振興の仕事をも手がけているが、建築家として自立した仕事をもはじめている。処女作ファレ邸につづいては、旅行中にストッツァー邸とジャクメ邸が彼のデザインに基づいてつくられている。全面を樹の装飾モチーフで覆われたファレ邸に比べ、次の二作はより非装飾的だが、それでもはっきりと地域主義的なフォルムをとどめている。帰郷後の一二年につくられた父ジャンヌレ邸と、ヌーシャテルのル・ロークルにつくられたファーヴル＝ジャコ邸では、こうした地域主義的な色彩は払拭されている。とりわけファーヴル＝ジャコ邸（ファレやストッツァーが地元の進歩的だが小規模な時計産業の経営者や時計の機構学の教授であったのに比し、ファーヴル＝ジャコや次の施主シュウォッブはもっと大きな工場を営んでいた。このことはスタイルの拡がっていき方と相応していて興味深い）はベーレンスやとりわけホフマン（ウィーンのアスト邸）に類似している。それは既にウィーンのアドルフ・ロースが二年前につくっていたシュタイナー邸などに比べれば一時代前のスタイルと見えるし、同様に古典的なファサードによったとしても、プラハのショショールはエレメントをもっとキュービスト的に変形して用いた住宅を翌一三年につくっている。東方での啓示は、確かに未だ生かされてはいないかに見える。しかしこの時代のスタイルの変転は極めて急速であると同時に、時に必ずしも直線的ではない。ロースにしても住宅でのラジカルな反図像主義に比し、公共建築ではかなり後まで様式建築の跡を残しているし、ベーレンスでも同様な事柄はいえる。ジャンヌレの作品は後の「全集」に含まれなかったように習作であるには違いないが、その背後には、それを超えようとするものが出口を求めて押し寄せていたはずである。

二五年に書かれた『今日の装飾芸術』の巻末の自叙伝風の個所で、ル・コルビュジエは東方旅行前後のことに触れつつ「ただ鉄筋コンクリートと鉄の分野とが全然新しい特異のフォルムの世界に導き得る唯一の処女地のように思われた」と書いているが、ラ・ショー＝ド＝フォンでジャンヌレが掲げた建築家としての看板には、鉄筋コンクリートを手がける旨の記載がある。ジャンヌレは旧友デュ＝ボアとの交信の中で、後にドミノ・システムと呼ばれる構造方式の構想を育んでいくのだが、その開発は一四年の大戦勃発によって、より焦眉の急となった（と少なくともジャンヌレには思われた）。何故なら、開戦時に戦争の長期化を予想していなかったフランス及びベルギー政府は、荒廃したフランドル地方の復興計画を——後から見れば、間のびしたことではあったが——はやばやと練りはじめていたからで、ジャンヌレはこの計画事業にドミノ・システムのアイデアを売りこもうと企てた。ドミノ・シス

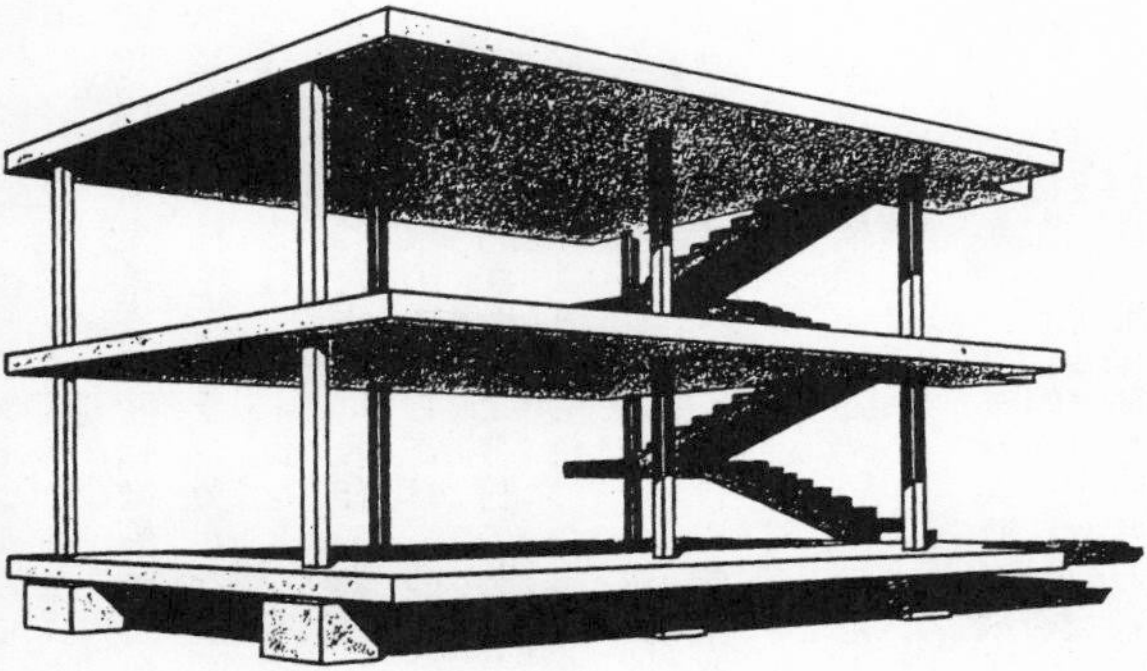

図6　ドミノ・システム（1914–15）

テムの骨子とは、「全集」に掲載された、柱と床スラブ、つまり垂直要素と水平要素との考えられる限り最も単純な並置、それと上下の床を結ぶ階段にすぎない。大略においては、今日工事現場でよくお目にかかる光景である――鉄筋コンクリートのフレーム構造が一般化していなかった当時にあっては、それは何処ででもお目にかかる光景というわけではなかったが。この図式にジャンヌレが行きついたのは一四年といわれているが、前年の一三年のデュ＝ボア宛ての書簡には、デュ＝ボアの旧師メルシュのいうモノリシック（一枚板的に垂直・水平部材の一体化された、というほどの意味）なシステムのハウジングへの応用性について語っている。一四年につくられた簡単な図式には、しかし、仔細に見れば、奇妙な意図の混淆が存在している。技術的なノウ・ハウとして工夫がこらされているのは床スラブのコンクリートの打設の方法である。ジャンヌレとデュ＝ボアは柱に金属による型枠の仮どめと、床の仮設支持体としての鉄骨ビームを設け、打設後は床がジョイスト（細い梁）をもつ中空スラブとなることによって自立するようにするという仕掛けを考えた（実際には現在残されている図面では細部には不明な部分が残されている）。よく知られているように、ジャンヌレが主張したメリットは壁への荷重負担をゼロとする骨組構造の採用によって、壁の位置が自由になった、つまり自由な平面構成が可能となったということであり、柱がとくに長辺方向の床スラブの端部からひっこめて示されているように、立面がカーテン・ウォールによる、後年のル・コルビュジエのいう「自由なファサード」となることもまた可能となっている。第二の利点は単純な構法と型枠の転用性などによって経済的な利点が見こめるという点である。ジャンヌレはこのシステムによって特許をとろうと奔走する一方、その幾つかの応用例をデザインしている。デュ＝ボアがつくった「鉄筋コンクリート応用協会」（ＳＡＢＡ）の工事（ジャンヌレは一六年にそのコンサルタントとなっている）や先の戦災復興での応用機会を狙うものだった。旧師ペレーの後押しもあって、ジャンヌレはこのアイデアに自信をもっていたようで、様々のスポンサーになりそうな人々に手紙を書いたり、事実幾つかの有力なエージェントが関心を示したようだが、結局は特許をとるにも至らず、また戦争の長期化によって実現のチャンスも逃してしまった。理由の一つはデュ＝ボアが不熱心になった故であるとジャンヌレは友をなじっているが、デュ＝ボアの方では、純粋に技術的な見地のみから見ると、ドミノのアイデアは完全に独創的なものとはいえず、特許向きではないという判断があったようだ。事実、鉄筋コンクリートの柱とジョイスト・スラブという方式は工場建築などでは前例があったし、「自由なファサード」も部分的にはサマリテーヌやペレーのポンテュー街のガレージの例があった。最も工夫をこらした中空スラブの方式も、従来のやり方と違うのは、スラブの下面が平滑（従来のものはリブがついていた）で、柱も真っすぐ（マイヤールのフラット・スラブをもつチューリッヒの倉庫では上部がマッシュルーム型にふくれ上がっていた）であるという点、つまり最も単純な形に見せた外見であった。ジャンヌレがこの点にとくに意を注いでいたことは、それらを「純粋な柱、純粋なスラブ」と称していることからも知れる。ポール・ターナーは、こうした点から、構造のためというよりは構造にも拘らずつくられたのがドミノ・システムであり、それは合理主義的というより、プロヴァンサル流の観念主義《プラトニズム》であるというのだが、この結論は幾分性急すぎるとしても、生涯で最も技術的な開発に意を注いだこの計画においても、ジャンヌレが「建築家」でありつづけようとした――実際、一三年のデュ＝ボア宛ての手紙で、彼は「技師にはプロポーションの感覚が欠けている。これは単なる建設の問題を超えたことなのだ」と書いている。その後も度々繰り返される命題である――ことは注目されておいてよい。

ジャンヌレがドミノ・システムの応用例のスタディを幾つか行っていることは前述したが、しばしば、トニー・ガルニエのスタイルとなぞらえられるそれらは、明らかにスタイルの過渡期性を示しているばかりか、「全集」で見るそれらの例は、古い要素と新しい要素の比率のうえでのばらつきが見られるが、それは「全集」収録にあたって、幾つかの図版に修整が加えられたためもあることが最近明らかにされている（ところで、デザイン・ソースの一つに目されているガルニエの「工業都市」の図版も、出版当時同様な操作が施されていることが、これも近年明らかにされつつある）。しかし、この時期の、つまりパリに出る前後（最終的に一七年に落ちつく以前にもジャンヌレはパリにいるデュ＝ボアのもとと郷里の間を往復する生活になっていた）のジャンヌレの作品が、様々の揺れ動きを示していることは事実である。例えばポール・ポアレのための海辺の別荘計画は、二〇年のシトロアン住宅風の外見と同年（もしくは前年）のモノル（メルシュの「モノリシック」から由来した命名）住宅風のインテリアを見せているし、ウジエーヌ・エナールやアメリカの幾つかの計画に前例はあるにせよ、歩行者のレヴェルを空中にもち上げたピロティ都市の計画（「全集」には初版にのみ収録され、何故かその後削除された）は、一〇年後のイムーブル・ヴィラや更には遥か後のユニテを想起させる。

しかし、（フォン・モースのことばを借りていえば）建築家シャルル＝エドゥアール・ジャンヌレの終止点を形づくるのはラ・ショー＝ド＝フォンに実現した二つの作品、シネマ・ラ・スカラと、シュウォッブ邸である。後者は後年『エスプリ・ヌーヴォー』誌に「ル・コルビュジエ作」として発表されたが、結局この二作とも「全集」には、前の諸作同様に編入

図7　シュウォッブ邸（1916–17）

されなかった。いわば作者によって認知を拒まれた作品である。しかし、とりわけシュウォッブ邸は近年何かととりあげられるケースが少なくない。そして興味深いのは、後年の作品群と違って、そのとりあげられ方が、大きく変動してきていることである。四九年にペヴスナーがこの作品を指してペレーまたはヴァン・デ・ヴェルデに遥かに及ばないといったことは前述したが、その翌年にコーリン・ロウが、当時は必ずしも注目されなかったが後年脚光を浴びるに至った論文『マニエリズムと近代建築』でシュウォッブ邸の街路側立面の奇妙な無窓の「スクリーン」にパラディオのマニエリズムとの平行性を見出し得る、と指摘した。その伝でいえば、シネマ・ラ・スカラのファサードもまたパラディオ風と見えなくもない。ロウのアメリカでの門下たちは六〇年代の後半から、二〇年代のル・コルビュジエのスタイルを更に精緻化した「ネオ・コルビュジエ」風の住宅で一時代を画するのだが、「ホワイト」と呼ばれた彼らフォルマリストたちと対立する、もっとローカルな歴史や文化、スタイルへの意識を建築に反映しようとする「グレイ」と呼ばれた建築家たちの理論的支柱ヴィンセント・スカリーは、七〇年代前半に「グレイ」の立役者ロバート・ヴェンチューリの作品が、二〇年代のポピュラーな作品にとびついたフォルマリストたちと違って、同じコルブでももっと前のシネマ・ラ・スカラやシュウォッブ邸のデザインを受け継いでいる（だからよりよくスイスの巨匠の精神を受け継いでいるのだ）と主張した。もっと最近になると施主アナトール・シュウォッブとジャンヌレの、金銭問題をめぐる法廷闘争の詳細まで明らかにされるという始末である。過熱しすぎた、というべきであろう。「歴史家の復讐」という物騒なサブタイトルをもったスカリーの文章は我田引水的セクト主義が目立つし、ロウのものもある一面のみをとり出しすぎたきらいがある。ペヴスナーは、おそらく、この住宅がヨーロッパにおける最初の鉄筋コンクリート造の独立住宅の一つであったというような純粋技術面での事実の無視をも含めて、いささか判断に軽率のそしりを免かれない。作品自体の評価としては、それは「何ら恥ずべきものではなかった」というレイナー・バンハムの意見が最もあたっているといえそうである。四本の鉄筋コンクリート造の柱を主構造として、レンガの非耐力壁によって空間を仕切ったそれは、不完全ながらもドミノ・システムの応用例の一つと見なし得るし、その外装材や「モダン」とはいえぬ大きなコーニス（軒蛇腹）によってペレー、ライト、ホフマンを思わせたとしても（ドミノの図面にも、コーニスは「時に応じて」として記入されているし、「全集」にものっているドミノの例の一つはシュウォッブ邸に極めて似ている）、円筒や立方体などのプラトニックなフォルムの使用は、陸屋根《ろくやね》を用いたこともあってそれまでのものになく直接的に露わになってきている。このプラトニズムの故に『エスプリ・ヌーヴォー』掲載当時、それはルネサンス的と形容されたのだが、むしろ新古典主義風というべきだろう。掲載当時、フランスの新古典主義は未だ再評価されていなかったから、この評価は止むを得ないと思われるが、ジュリアーノ・グレスレリは、シュウォッブ邸の設計当時、ジャンヌレは国立図書館でルドゥやその弟子デュビュの図版を見ており、その影響が感じられると書いている（この時代はただホコリを被って寝ていたはずのそれらの図版を本当に彼が見たのか、いささか疑わしい話で、グレスレリも納得いく証拠を示してはいないが、影響はともかく、似ていることは確かである）。しかし実際には現地ではシュウォッブ邸は、ルネサンス風とも、まして新古典風ともいわれなかった。それはトルコ風ヴィラと呼ばれたのである。一方シネマ・ラ・スカラはパラディオ風どころかキュービスト風と呼ばれた（ただしよくあるように悪口として）。この手の呼び名をそのままあてにするわけにもいかないが、それでもそれらが当時は何かしら「モダン風」である――トルコ風、つまり東方への連想はジャンヌレのインスピレーションからいっても間違いではないが、二七年のワイゼンホフ実験ジードルンク（集合住宅団地）展での有名なモンタージュ写真まで、モダニズムには東方的イメージはつきまとうのである――と受けとられたことは間違いないし、ジャンヌレ自身もそれを売り物にして、仕事を獲得しようとしていたことは自ら証言している。その他に二重のサッシュの間に温風を通すという、後のモスクワ・セントロソユーズで提案されたと同種の工夫をも含め、この住宅は、歴史的な逆読みはともかくとして、それ自体「恥ずべきものではなかった」。しかし富裕な芸術愛好ファミリーであるシュウォッブ家での成功を梃子に、仕事の拡大を狙ったジャンヌレの目論みは、前述のような予算超過が原因のトラブルがもとで挫折し、ジャンヌレはそれ以前から留守がちな（それもトラブルの一因だった）ラ・ショー゠ド゠フォンから逃げるようにして、パリに上京してくる。ジャンヌレは三〇歳である。そしてル・コルビュジエを名のり出すのはその三年後である。

第二章 「開かれた目」と「ものを見ない目」

人間は、目的をもつ故、真直ぐ進む。人間は行く先を知っている。どこかへ行こうと決心し、そこへ真直ぐに進む。

（ル・コルビュジエ『ユルバニスム』）

建築は電話器の中にも、パルテノンの中にもある。

（ル・コルビュジエ『建築をめざして』）

ジャコブ街二〇番地の、チレアのオペラのヒロインともなったコメディ・フランセーズの名女優アドリエンヌ・ルクヴルールが住んでいたアパルトマンの屋根裏部屋に居を定めた時、シャルル＝エドゥアール・ジャンヌレは旧友マックス・デュ＝ボアと旧師ペレー兄弟以外には知己をもたなかった。「私はここでは異邦人のように感じている」。ロシア革命の年である。社会全体の急速な大変動は芸術にも、産業にも、従って建築にも及ばないではおかなかった。この時代ほど建築言語の変革が急速であったことは、その後も含めて、決してない。後にヒッチコックとシャンソンによってインターナショナル・スタイルと呼ばれるような言語は、一九二〇年代前半の数年間に、突然飛来してきた異星の宇宙船のランディングのようにしてあらわれた。タトリンの第三インターナショナルのためのモニュメント（二〇）やメンデルゾーンのアインシュタイン塔（一九―二一）のような異形のモニュメントを先き触れとして、グロピウスのシカゴ・トリビューン応募案（二二）やイエナの劇場（二二）、ムッヘによるアム・ホルンの実験住宅（二三）、ミースのガラスのスカイスクレーパー（摩天楼）計画（一九―二一）からコンクリートのオフィス・ビル計画（二二）、アウトのアウト・マテネッセの現場小屋（二三）、ヴェスニン兄弟の労働宮計画（二三）、そしてファン＝デースブルクとファン＝エーステレンの三つのパリ・モデル（二三）、リートフェルトのシュレーダー邸（二三―二四）というような重要な計画がこの時期に集中していることが明瞭である。同じ人々の、例えば五年前の計画と比べてみれば、様相が全く一変している。ル・コルビュジエもまた、二〇年のシトロアン住宅のモデルから二二年に実現されたヴォークルソンの住宅、二三年のラ・ロシュ＝ジャンヌレ邸は、それがどのような萌芽を胚胎していたにせよ五年前のシュウォッブ邸とは一変しているし、スイスの田舎町の野心と才能のみをぎらつかせていた無名の若者は、パリに出て一〇年を経ずして世界的な前衛建築の旗手となったのである。極東の島国である日本ですら、はやくも一九二三年（大正一二年）には『建築世界』誌に薬師寺主計《かずえ》による「欧米を巡りて　仏蘭西の青年建築家コーブセ――スーニエ氏に会うの記」が掲載されている（スーニエ――現在の普通の表記ではソーニエ――は、オザンファンのペンネームで、二人は連名でよく記事をものしたので、これはそれを一人とした薬師寺の考え違いであろう）し、二〇年代の後半には何人かの日本人がパリの彼のアトリエの扉をたたいている。

とはいってもパリに出たジャンヌレに、すぐに立身の途が開けていたというわけではない。ジャンヌレは、まずデュ＝ボアの会社ＳＡＢＡのコンサルタントをする傍ら、パリ郊外のアルフォールヴィルに軽量コンクリート・ブロックの工場、「産業‐技術研究所」を創設する。デュ＝ボアから紹介されたスイス出身の実業家サークル（その中には銀行家ラウル・ラ・ロシュもいた）が資金を用立てたのだが、工場といっても従業員はたった一人で、インフレもあって利益を計上するというにはほど遠い状態であったらしい。この工場は二一年には閉鎖、間もなくＳＡＢＡとも縁が切れたジャンヌレは、ラ・ロシュらの助力で軍需物資（ワイン・ボトルから鉄筋までの）を扱ったりして生計を立てていた。こうしたブローカーまがいの仕事とは別に、ジャンヌレは幾つかの建築計画を手がけている。サン・ニコラ・ダリエールマンの労働者都市（四六戸のハウジング）、ボルドー近郊の屠畜・冷凍工場、サンテの工場、ジュールデン島の電力プラント、トゥールーズの兵器庫、トロワの住宅、などがそれである。うち幾つかは実現されたにも拘らず、これらもまたトロワの住宅以外には「全集」に収録されなかったが、ドイツ語版の第一版のみに収録された屠畜・冷凍工場のプロジェクトなども、ドミノ・システムに基づいてフリーなファサード（リボン・ウィンドーと呼ばれるようになる横長の連続窓)、ランプ(斜路)や外部階段の分節、車寄せのピロティ(壁などのない独立した地上の柱)、フラット・ルーフの上に独立的に載せられたペントハウスなど後年のモチーフが明らかに見え、彼自身が「最初の建築への実際の企て」と見なしただけの意義は備えた計画で、これら初期のラ・ショー゠ド゠フォンの住宅群以上に等閑視されてきた作品は、今後のル・コルビュジエ研究の新しいテーマとなり得るかもしれない。しかしル・コルビュジエの名を挙げるきっかけとなったのは、むしろこの頃に本格的に手がけはじめた絵画の方である。ジャンヌレは既に一三年に東方旅行のスケッチを『石の言語』というタイトルで出版していたし、一六年にはチューリッヒで水彩画展を開いているが、本格的に絵画に手を染め出したのは一八年からで、この年の五月にペレーを通して画家オザンファンと知り合い、彼の激励によってジャンヌレは毎日決まった時間を割いて画布に向いはじめた。おそらく、実務の不順さに対するフラストレーションと暇を埋めるためにはじめられたこの習慣は、その後も長年つづけられたが、はやくも同年の一二月(前月には大戦が終っていた)にはオザンファンと共同の二人展を開いているほどだから、絵画生産は急ピッチであったはずで、またこれらの作品はラ・ロシュが買い上げることで彼の生計の方便ともなっていた。更にはジャンヌレはピカソやブラックその他の近代絵画の巨星たちとも交友を結び(前回のパリ滞在時にはマチス展を見て憤然としたというのに)、その当時は未だ安価であった彼らの作品をラ・ロシュのコレクションに加えるアドヴァイザーとしても働いた。少しずつジャンヌレにも道は開けてきたのである。

ジャンヌレ＝ル・コルビュジエの名を高める直接のきっかけとなったのは、オザンファン、ポール・デルメーとの協働による雑誌『エスプリ・ヌーヴォー』（新精神）誌の発刊（二〇年一〇月）であり（ここでもラ・ロシュが財政面での援助を行った）、それに掲載された記事を二三年にエスプリ・ヌーヴォー叢書の第一巻として『建築をめざして』のタイトルで出版したことである。『エスプリ・ヌーヴォー』の創刊号には「建築家各位への覚え書き」が発表される。例のプロヴァンサル流の「建築とは光の下に集められたヴォリュームの……」というテーゼはこの中に見られる。そこでは、建築は「何々様式」とは何の関係もないこと、平面が原動力であり、立体《ヴォリューム》や立面もそれによって決定されること（近代建築の「内から外へ」というテーゼの確認）、ピラミッドもルクソールの神殿もパルテノンも、コロセウムもハドリアヌスのヴィラもすべて角柱、立方体、円筒、球等のプラトニック立体の組み合せであること、そして今日これらの原理を合理的な計算に基づいて遂行しつつあるのは建築家たちよりはむしろ技師たちであることが語られている。「アメリカの工学技師たちは、瀕死の建築を、彼らの計算で押しつぶしつつある」。署名はル・コルビュジエ＝ソーニエ、つまりジャンヌレとオザンファンの連名である。この時期の彼らの仕事は多くこのスタイルをとった。一八年の共同展、そのカタログのために書かれた『キュービズム以後』では実質上殆んどのイニシアティブはオザンファンにあったようだが（展覧会に出品されたジャンヌレの絵は二点にすぎず、『キュービズム以後』は二人が知り合う以前からオザンファンが書き始めていた)、『建築をめざして』は、既に明らかなル・コルビュジエ的レトリックに満ち満ちている。創刊号出版と同時に「ル・コルビュジエ氏へのインタヴュー申しこみが相次いだ」というから、まずはセンセーショナルなデビューといってよいのだろう。事実、書き手としてのル・コルビュジエ(このペンネームが母方の親戚から由来していることは知られているが、この時代にはペンネームを用いるアーティストは他にもいた。著名な例ではテオ・ファン゠デースブルクがそれで、これも彼の四つのペンネームの一つにすぎない。ジャンヌレもう一つ、ポール・ブーラールというあまりさえないペンネームをもっていた)のスタイルはこの時もはや完全に確立している。それは、よくいわれるように――『東方への旅』にも既に見えることだが――繰り返しが多く、時に冗漫で、極めてレトリカルだが、情熱的で詩的で預言者的で、つまる所、圧倒的な印象を与える。このまだ無名の建築家は、世界の巨匠のように、またツァラトゥストラのようにして、語る(ステータスは後から追いついたのだ)。アドルフ・ロースもそうだったが、ル・コルビュジエもまず書き手として最初に注目を浴びた。「建築家が口を開いたら、彼は嘘をいっているのだ」といいつつ、彼は書きつづけた。文章の詩的なレトリックを補完するように実作もつくられつづけたが、それでもこの二〇世紀最大の建築家が実現した建築作品の数は著作のそれに及ばない。興味深いのは、生涯を通してル・コルビュジエの建築作品の言語は大きく変っていったのに対して、著作の調子は殆んど変らなかった点である。確かに仔細に見れば「機械時代」というようなことばの多用は後期には見られなくなるし、技師の美学に関わるような言説もそうだとはいえるが、実作の示す「転向」に比べれば、それらはマイナーな変化にすぎない。コルブが嘘をつきつづけたのだ、とするのが存外正解かもしれない、というのは冗談にすぎないが、少なくとも常に誤解（され得るもの）を撒き散らしていたのだとはいえるだろう。語るもの（文章）が不変で、語られるもの（建築）が変っていったとするならば、前者の方には後者の変貌をも吸収し得るイデオロギーがあったと考える他はない。逆にいえば、前者が後者のその時々の外貌によって、例えば機能主義・合理主義というようなフィルターをかけて受けとられてきすぎたのだともいえる。ル・コルビュジエの不連続における連続、転向における非転向（あるいはその逆も）を見据えていくこと、それが本書の主題に他ならないのだが、今はまだ状況を辿ることが必要である。

「全集」の『建築をめざして』に言及したページにはこう書いてある。「すべての造形芸術の争えぬ根底、目が見る形のためにということを支えとして、ル・コルビュジエは『エスプリ・ヌーヴォー』誌の創設に賭けた」。ル・コルビュジエはしばしば「目」に言及した。既に引用したように『東方への旅』でもそれはあるし、二〇年代の「白い住宅」のシリーズの原型となる二〇年のシトロアン住宅の計画を掲載した「全集」のページには「目を開く」とある。開くことを知った目には「光の下に集められた」建築のあるべき姿はくっきりと映ず

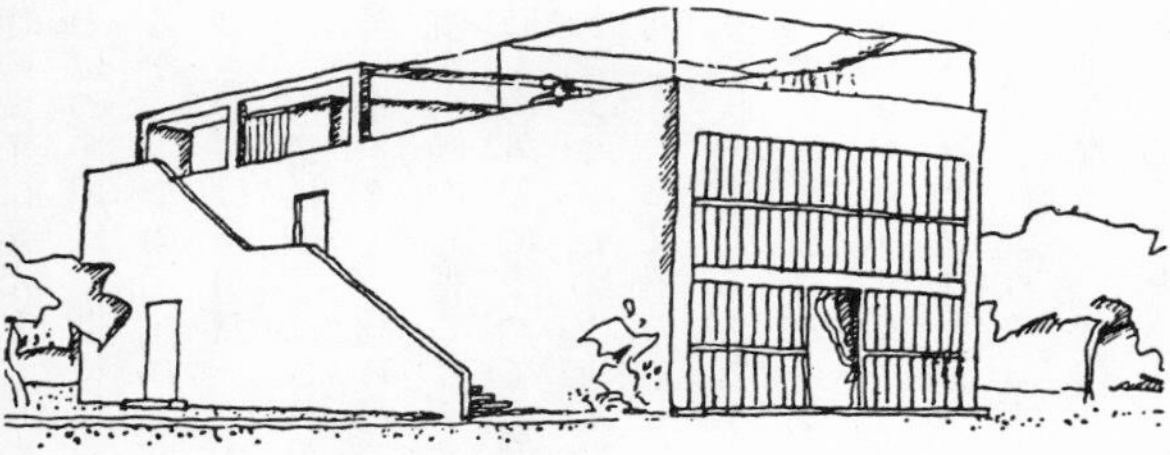

図8　シトロアン住宅（1920）

るのである。それを支えるのは新しい精神なのだ。もちろん物理的には支えているのは鉄筋コンクリートの柱かもしれない。しかしその場合にはその柱そのものが「新精神」なのである。といっても、シトロアン住宅の二〇年のモデルはレンガ、石、ブロック等の壁構造である。わずかにペントハウスの部分のみにフレーム構造が見られる。これに対して二二年のサロン・ドートンヌに出品されたモデルでは鉄筋コンクリートのフレームで全部が支えられるばかりか、メイン・フロアはピロティによって地上にもち上げられた。立方体は地上に置かれている限りでは屋根を数えても五つの面しかもたないが、こうすることによって六つめの面も明らかにされる。浮遊する立方体、浮遊する精神。

「そこにははっきりした問題提起があり、革命的な回答が伴っていた。屋上庭園、軒庇の廃止、横長の窓、空中にあげた住宅。そして特に地方色や美術性を追求した一九〇〇年代に対比して、純粋さ、率直さ、包みかくしのない誠実さを真向から感じさせるものであった」（『建築をめざして』)。

それは「開かれた目」には明らかに映ずるべきものであった。「シトロアン」が「シトロエン」のもじりであったことは有名である。「自動車のような住宅である」とル・コルビュジエは書いた。「誇りにしてよいのは、自分のタイプライターのように実用的な家をもつことだ」とも。これらのテーゼは、いうまでもなく、『建築をめざして』のより有名なアフォリズム「住宅は住む機械である」に直結している。住宅がこの時期のル・コルビュジエにとって特別のオブセッションであったことは確かなことである。建築家のキャリアのはじめには、どうしても大きな公共建築よりは住宅の仕事が多くなる(事実三〇年代以降のル・コルビュジエの仕事には、住宅は比較的には減少してくる)という理由によってではない。ル・コルビュジエに限らず、この時代には住宅、つまり新しい生産様式と新しい生活様式の直結が、一般的に近代建築家にとっての中心的命題であったからという理由は、もとより間違いではないが、ル・コルビュジエにとってそれは特別な意味をもっていた。あるいは、より正確にいうならば、特別な意味というよりも、意味が昂進され、こういってよければ、形而上化されていた。この場合、「意味」を「機能」と読みかえてもよい。「住居機械」のテーゼはいわゆる機能主義を要約するキャッチ・フレーズとして世界中に伝播していき、白いキュービックな家は機能主義のシンボル・マークとなり、かくて機能主義のチャンピオンとしてのル・コルビュジエのステータスを確立していった。無論、それを有名にしたのは、人を機械に住まわせるというイメージが保守的な人々に与えたネガティブな、あるいは殆んどスキャンダラスな印象による所が少なくなかったわけだが、それはル・コルビュジエを擁護しようとする人々がしばしば述べたような「誤解」によるものなどではなかった。このスキャンダルは充分に意図されたものであったはずである。このイメージのギャップはものを見ていないことから由来している。「精神状態をすっかりかえることだ」とコルブは書いている。つまり新しい技術（機械）、新しい生活（住宅）、新しい精神の三位一体。「住居機械」とは「新精神《エスプリ・ヌーボー》」を生産する機械なのだ。単なる物理的な住環境を生産するだけではない。そこでは、微妙なバランスの中に「技師」とは区別された「建築家」のステータスがしのびこまされている。精神＝文化の担い手としての建築家。この「住居機械」と対応するものに、革命ロシアのアヴァンギャルド＝構成主義者たちのスローガン「社会のコンデンサー」がある。しかし、それはル・コルビュジエの精神主義的な道具とはちがっている。

新しさのみを強調するわけにはいくまい。何故なら機械（自動車《シトロエン》）は、住宅《シトロアン》と等価であるばかりでなく、パルテノンとも等価だからである。『東方への旅』の中で、既にパルテノンは「恐ろしい機械」と形容されている。『建築をめざして』では、パルテノンとドゥラージュのグラン・スポーツカーの写真が、そしてパエスツムとユムベールの一九〇七年型の写真が並置される。その章のタイトルは「ものを見ない目」である。「ものを見る目」には、これらは同じものとして映ずる。新精神とは、そのような目の別名以外のものではない。外見のことではない。「ものを見ない目」にも外見を見分ける位の「機能」は備わっている。「パルテノンの前に立止まるのは、それを見ることによって心の内の絃が共鳴するからだ。即ち軸にふれたのだ。マドレーヌの前では立止まらない。これもまたパルテノンのように基壇あり、列柱あり、破風あり（同じ一次的な要素）するのだが、ごく粗っぽい感覚のほか、マドレーヌはわれわれの軸にふれて来ないからである」。

パルテノンが「機械」であるのは――ここでは「機械」が、通例とは逆転して、最高度の肯定的な規範となっている――その古典主義の範となった諸々のエレメントの故ではない。

図9　「パルテノン」と「ドゥラージュ」（『建築をめざして』1923より）

「パルテノンはある標準に精選を加えた産物なのである」「すべての傑作は、心のいくつかの大標準に則っている」「パルテノンは、既定の標準を応用した洗練の産物である」「パルテノンと自動車を見せて、二つとも淘汰の産物であることを分らせようではないか」。

「機械」はここではテクノロジーのイメージとしてよりは、精神の辿る道筋としてある。そこで、つまりパルテノン＝自動車＝住宅の連鎖において、何が生まれるのか？パルテノンへの参照は、明らかに、それが単純な生活機能の充足であるという答えを拒んでいる。

「パルテノン――ここに我々の心を感動させる機械がある」「プロピレア――感動は何から起るのか。明確な要素、円筒、磨かれた床、磨かれた壁、などの間にある」（五七～五八頁引用『建築をめざして』）。

つまり、精神とは厳密な感動に対応するものである。――少なくともこの時期のル・コルビュジエにとっては、厳密さを欠いた感動などはあり得ない。『エスプリ・ヌーヴォー』誌でドイツの表現主義者たち（ペルツィヒ、フィンステルリン、そして初期のワイマール・バウハウス）を非難した所以である。「住居機械」とは感動を生む機械であり、オブジェと化した詩である。「詩はことばとしてだけあるのではない。事実の詩の方がもっと強い。何か意味をもつオブジェ、それが手腕と才能を用いて配列される時、詩的な事実をつくり出す」（自動車のメーター盤に付せられたキャプション）とすれば「住居機械」における生活とは詩的な生活でなくてはならぬ。それはブルジョア的な虚飾ともいわゆる「モダーン」な生活とも絶対的に違ったものでなくてはならない。「全集」でのシトロアン住宅の説明――「この住宅以来、アカデミックな学校の建築の考え方に背を向けた。〈近代的〉というやつにも」。ではその生活とはロマン主義的な意味でのそれで、その詩もまたロマン的な自己表現であったろうか？　そうでないというわけにはいくまい。ル・コルビュジエは、古代への憧憬という点でも、それがアルカディアのイメージを通して一種の自然主義へ行きつくという点でも、啓蒙主義＝ロマン主義の嫡子であった。オザンファンとの『キュービズム以後』ではルソー、モンテスキュー、ヴォルテールらからの引用文が多く見られる。同じオザンファンとの『近代絵画』では、自然に関しての言及がある。ここで展開されている、自然は生のままでは「断片的なるが故に無秩序な様相を有するものである」にすぎず、それが美しいのは「ある幸運に恵まれて、秩序だてられている時に」、つまり「幾何学的秩序であるところの我々の秩序にあてはまっている時に」はじめて美しい、という論拠は、すぐれて啓蒙期的である。啓蒙期の自然主義は、生の自然を本来の姿に返してやることにその本題を見出したのだし、大革命期の建築家たち、ブレやルドゥたちはその「自然＝本性《ナチュール》」の最高の具現を球に集約される幾何学的形態に見たのである。だが、この初期ロマン主義の自然信仰は、後期のそれにはあてはまらない。レッセ・フェール的な自然主義とその裏返しとして異常に肥大しだした個性への信仰は、ル・コルビュジエの気質とは相い容れぬものである。一九世紀的なものへの嫌悪。これらの二つの美術に関する著書でのテーマは「キュービズム」の変質だが、興味深いのは、ここでの論調に、今述べたロマン主義の変質――例えていうならルドゥからヴィニョン（前述の、パルテノンと比較されたマドレーヌの設計者。ルドゥの弟子でナポレオンから王制復古期の建築家）へ――と平行的なものを見出し得ることである。

「キュービズムの歴史は次のごとし。表現的な形態破壊主義。少しずつ模倣の欠点の矯正。飾り気なき厳しい芸術の定義と厳格完全な言語の創造。キュービズムの集団的制作。しかし、このような高潔厳格な理想が集団的性格を長期間に亘ってもちつづけることはできない。……（中略）……まだ昔のままの精神をもっていて、この技巧は古い時代の人々と同じように、ものを感じる流行的な表現にも適用できると信じた人々の間では、この言語は堕落した」（『近代絵画』）。

ここでなされている非難は「キュービスト臭ぷんぷんたる自然本位の安料理を提供している」「キュービズムの脱走兵たち」に向けられている。一つの規律に従った言語体系への希求とその形骸化のストーリー。それは新古典主義やキュービズムのみではなく、更にル・コルビュジエ当人をも含むモダニズムからレイト・モダニズム、もしくはポスト・モダニズムへと至る近年のストーリーにもまたあてはまる。ジャンヌレとオザンファンがキュービズム批判を展開していた頃、ピカソは既にキュービズムではなく、いわゆる新古典風の画風に転じていた。ストラヴィンスキーも「春の祭典」の複雑なバーバリズムからはほど遠い「兵士の物語」等の作風によって同じように「新古典」的といわれていた。戦後の解放感はアヴァンギャルド芸術全体に、後にコクトーが「秩序への希求」と呼ぶものへの方向性を指し示していた。オザンファンとジャンヌレのピューリズムは、そうしたものの典型である。「感覚内容の諸常数は、作品の造型的な純粋性に基づき、それに左右される。我々の視覚的感覚的内容の諸常数は、普遍的感動言語を構成することを表わすものである」。かくしてプラトニズムの言語が復活される。キュービックな住宅とはキュービックな精神に対応した機械でなくてはならない。住宅をつくるだけでは充分ではない。「量産住宅に住む精神状態をつくり出さなければならない」。精神革命の器としての住宅。

シトロアン住宅は二二年のサロン・ドートンヌに提出された。同時に「三〇〇万人のための現代都市」と題する計画案が展示された。「二七メートルの大展示。その中には一〇〇平方メートルのダイオラマも含まれていた。これらを一文もなしで」。この計画案は大スキャンダルを巻き起こしたらしく、サロン・ドートンヌの会長、フランツ・ジュールダン（若きジャンヌレがかつて感銘を受けたサマリテーヌの建築家）の助力によってようやく展示続行が可能となる有様だった。ル・コルビュジエがその後無数に生産していく都市イメージの最初のものである。大都市と一戸建て住宅のモデルのこの並置は明らかに戦略的なものである。それは二五年の国際装飾博覧会でプラン・ヴォアザンとエスプリ・ヌーボー館という形で反復される。エスプリ・ヌーボー館は二二年の「現代都市」を構成する三つの基本的な建築形式――中心にある十字平面のスカイスクレーパー、そのまわりの凹凸型の平面をした住宅（鋸状住宅《メゾン・ア・ルダン》）、更に周縁部にある中庭を囲った閉鎖型住宅――の三番目のもので、イムーブル・ヴィラと題され、より詳細な図面の付された住戸ユニット（それも二五年には更に展開された）の一戸のみを取り出して建設したものである。この小ユニット（エスプリ・ヌー

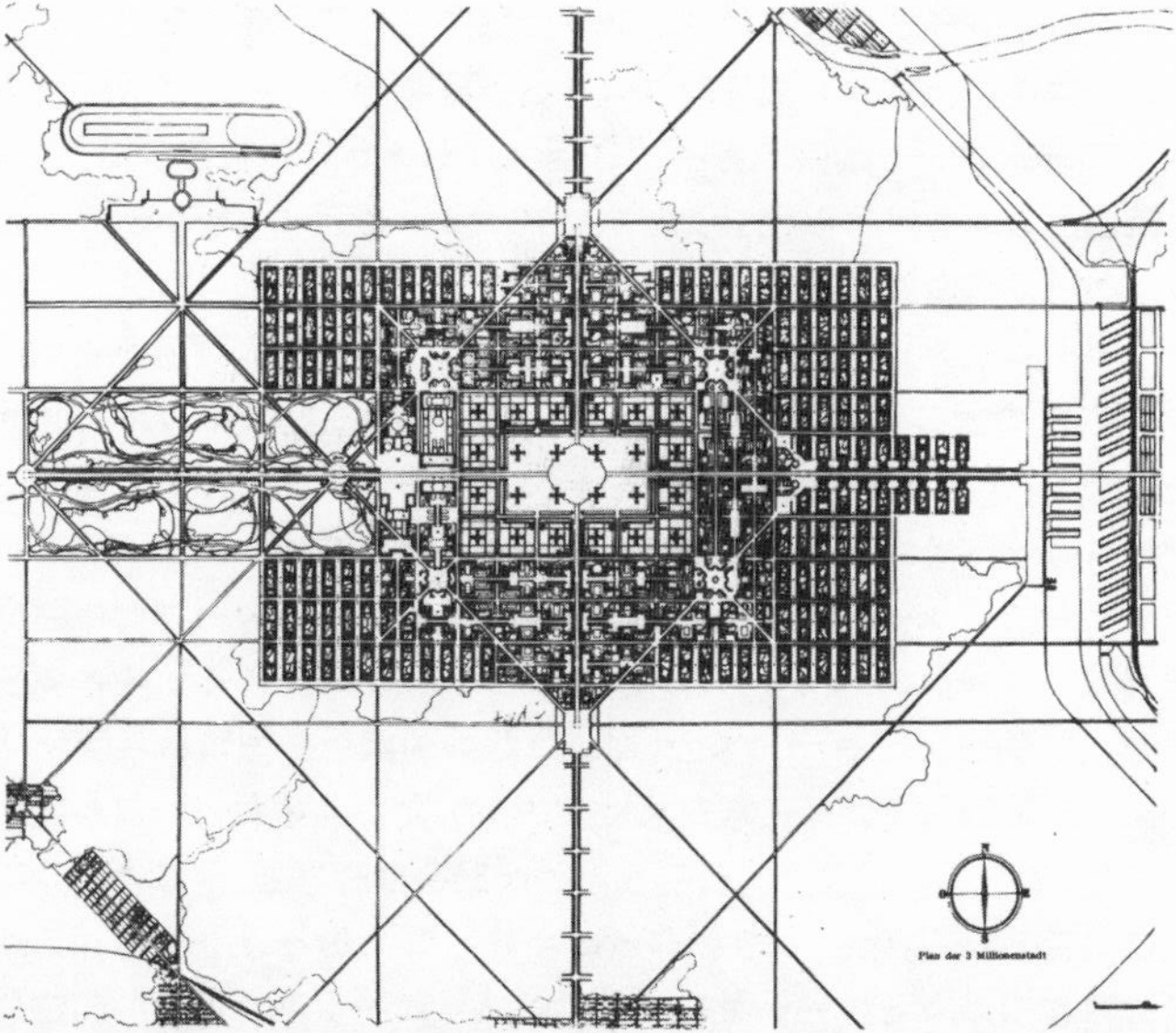

図10 「300万人のための現代都市」計画 (1922)

ボー館）は、実際には「シトロアン」住宅のヴァリエーションである。ちがうのは、エスプリ・ヌーボー館では平面がL字型に変型され、集合し、重層された時に住戸毎に抱えこむ二層分の高さをもった空中庭園のためのスペースをつくり出していることである。それは垂直田園都市をつくり出すための方策であるが、住戸部分にもこれと同じ吹き抜けのリヴィング・スペースがとられている所は、シトロアンと全く同じである。一戸建てのシトロアン・モデルでは、二〇年のものは上にペントハウスがのり、二二年のモデルはそれが更にピロティにもち上げられている。独立住戸の純粋性を一層引き立たせるための手段である。こうして、「シトロアン」は「エスプリ・ヌーボー館」ともなり、集合形式としても生産形式としても反復可能なものとなる。新精神と住居機械は無限に反復される。ほぼ原型に近いシトロアン住宅が実現されたのは二七年のワイゼンホフ実験ジードルンク（集合住宅団地）展においてであったが、シトロアンのサロン・ドートンヌでの展示を見た施主の注文による、ル・コルビュジエのはじめての実現された近代的な作品であるヴォークルソンの住宅（それははじめての、だけあって、ファサードの感覚的なものを除けば、

図11　エスプリ・ヌーボー館（1925）

空間構成上は充分にル・コルビュジエ的とはいえない）以降の作品群には、変奏を伴いながら、大なり小なりそのテーマが受け継がれていく。例えばシトロアンの吹き抜けスペースは、オザンファンのアトリエの正面にあったレストランから発想を得たとル・コルビュジエは語っているが、当のオザンファンのアトリエの新築にあたってもそれが早速とりこまれただけではなく、部屋の両側に中二階及び書庫とそれに通ずる階段を設けることによって、室内空間のランドスケープを一変させてしまっている。住宅の外部に独立的な造型要素としての階段をつくることは初期の頃からの彼の好みだった（サンテの住宅やポール・ポアレの住宅）ようだが、オザンファンのアトリエ（とくに書庫に通ずる階段）では、それが内に反転されている。加えて広いガラス面とスカイライト（それは吹き抜けスペースのヴォイドからもう一つのネガティブなプリズムを切り出している）によってとりこまれた光によって、この内部空間は外部空間へのアリ

図12・13　ラ・ロシュ＝ジャンヌレ邸（1923–24）ギャラリー部分

ュージョンへとも反転されている。

二三年にル・コルビュジエは、後ろ楯であったラ・ロシュと兄アルベール・ジャンヌレのための連続住宅をつくった。当初は四軒からなる計画であったものが縮小され、最後にラ・ロシュのコレクションの陳列のためのギャラリーがつけ加えられてでき上ったものだが、このル・コルビュジエの最初の傑作では、吹き抜けスペースは彫刻的に扱われた階段と上部から下のスペースを見おろすパッセージがつけられることによって、空間が一層絵画的要素に富んだものとなった。このパッセージの先は、ギャラリーから上ってくる斜路につなげられ、しかもこの斜路は彎曲したギャラリーの壁に沿って上ってくるという仕組になっている。斜路のある吹き抜けのアイデアは、初期の案から（しかしその場合は居間に）見えるものだが、最終案では、絵画の連なりとそれが一体化している。斜路や階段や、空間のヴォリュームの変化、更には光の変化もまた絵画と同じく詩的な要素となって、彼が「建築的プロムナード」と呼んだものに参加する。機能的な意味を超えた、事物化された詩、感動を生産するための機械というテーマはここで拡大される。

プリズム・ピュール（とル・コルビュジエは基本的な矩形ヴォリュームを呼んだ）をめぐるこうしたテーマの変奏は、しかしあるモチーフはひき続きひきずりながらも、テーマそのものの変質を惹き起こさないではおかない。それは時折、明らかに断続的なものとして現われるのだが、そうでない時にすらこの変質は進行しているのである。この不連続的な連続性を演出するものは、彼の作品に見られる多層的な意味の連なり、もっと具体的にいえば、様々なレヴェルでの歴史的参照性とそれらをつなぎとめる隠喩的な操作である。それはピュリスト言語の表面的な形態の獲得より以前から、つまり少なくとも東方における自らの血脈の発見――エマの修道院やパルテノンを機械と呼んだ時から、変らず現前してきたものである。ラ・ロシュ＝ジャンヌレ邸についてクルト・フォスターは、このピクチャレスクな吹き抜け空間と「建築的プロムナード」を『建築をめざして』に引用された古代ポンペイの「悲劇詩人の家」と比べている。そこで述べられているのは軸線の巧みな処理によってヴォリュームがつながれ、秩序立てられ、その強さを惹き立てさせられていることである。「軸は理論を乾燥させたりはしない」。つまり、シトロアン――イムーブル・ヴィラ――ラ・ロシュ＝ジャンヌレのスタジオ形式はポンペイのアトリウム（中庭）形式の住宅の記憶を背負っているというわけだ。オザンファンのアトリエにも見える内と外との反転もまたそれでよく説明される。古代の機械（パルテノン）と現代の機械（電話器、タイプライター、ドゥラージュ）の等置は、隠喩的レヴェルのみでなく直接的なレヴェルにおいても実践される。ラ・ロシュ＝ジャンヌレ邸やそれ以後にも頻出する（最初にはヴォークルソンの家の初期案にあらわれる）彫塑的な階段室にもまた、『建築をめざして』の穀物サイロの写真のイメージが織りこまれ、更にはパルテノンの巨大なドリス式柱、つまり生命に溢れたプラトン立体（円筒）へのオマージュが潜まされる。

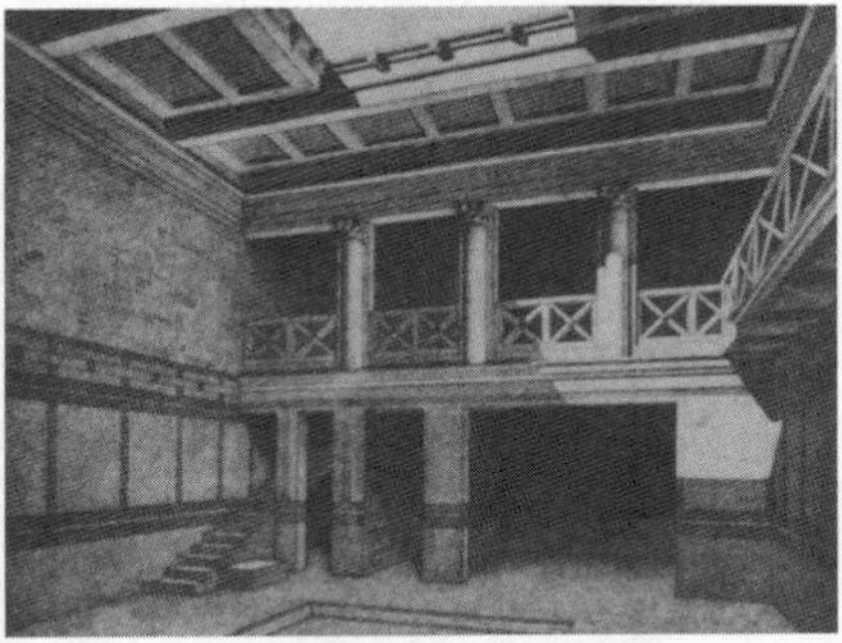

図14　ポンペイの住宅

「荒涼たる風景の中、一般の寸法を度外視した、アクロポリスで用いられている巨大な尺度。この直径を我々の中央ヨーロッパ、ヴィニョーラの私生児の柱のそれと同日に語ることなど思いもよらぬことであろう」（『東方への旅』）。

こうしたル・コルビュジエの多元的操作が、体系的というよりはむしろ詩人的な直観によってなされ

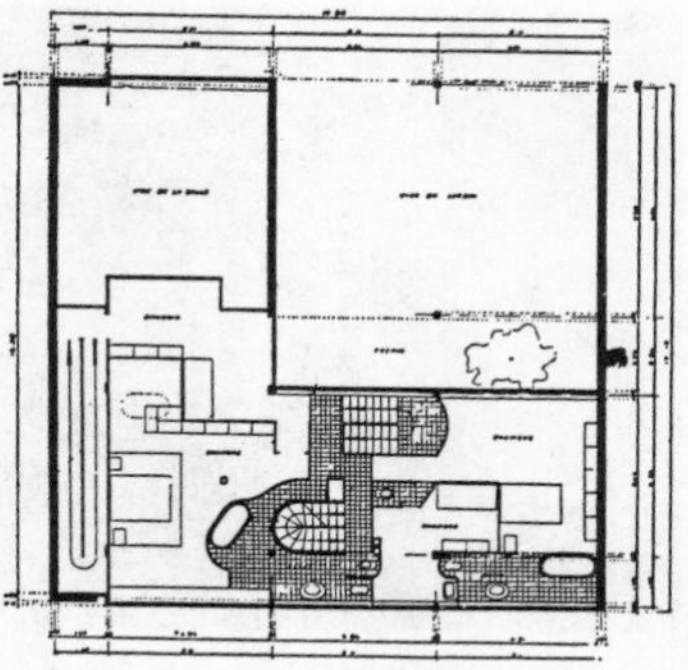

図15　メイヤー夫人の住宅、2階平面（第2案）（1925）

ていたということは、その諸レヴェルが極く僅かにでもバランスを変えた時に、全体が容易に、しかし必ずしも意識されずに、変質への道を横滑りしていってしまう可能性が潜んでいることを意味している。二五年にメイヤー夫人の住宅をデザインした際にル・コルビュジエは「詩情をもたらす建築的テーマが最も厳格な構築的規則に付加されます」とメイヤー夫人に書いた。これは第一案に付された手紙である。この第一案は長円筒形の階段室を除けば、単純な平面によっている。「間取りはまことに簡単なので、（ほんとうに）馬鹿みたいだと考えたくなりますが」「これはそう易しいことではありません。本当はそこに建築の難しさがあるのです」。実現された案では階段は中にとりこまれて、外観は一層単純化されたが、平面は規則的な分割のシステムの中に階段や浴室その他の壁が曲面となってまといつくものになった。建築家は「全集」にこう書く。「ある日、住宅も自動車のようであり得ると気がついた。単純な包皮、その中に自由に無数の機構が内蔵できると」。

これらの規則的なカルテジアン・グリッドと自由な曲面の肉感性との対立によって形づく

られる平面的コンポジションが、ル・コルビュジエが二八年までは本名で署名しつづけたピューリスト絵画のそれと密接な関係にあることは、既に多くの論者たちの指摘している所である。つまりそれは、クルト・フォスターのことばを借りていえば「静物としての住居」なのだ。日常的で有用なオブジェ（オブジェ・ティプ）を主題にすることは、オザンファンとジャンヌレにとってキュービズム以後の自分たちの絵画におけるテーマであった。それは更にジャンヌレにとっては東方旅行で見出されたテーマでもある。つまりやがて装飾芸術を廃棄するに至らしめる民衆芸術への讃嘆。「果たせるかな、これらの陶器は若々しく微笑んでいる。はちきれんばかりのその輪郭」。つまりピューリスト絵画にあらわれるオブジェ・ティプとは、これらの穢れを知らぬ「純粋な」オブジェの「幾何学的精神」の導入であり、後期キュービズムの装飾的堕落（コルブはキュ・キュービズムとそれを揶揄した）や装飾芸術一般のそれへの弾劾の象徴なのだ（だからルソーの引用は当然の理といえた）。タイプ——定型——は、彼が好んで語った「正しい問題の設定」に相応する。更には超時間的な（歴史による洗練を経た）規範性をも意味する。こうしてすべては定型化される。白い家は色彩・ティプ

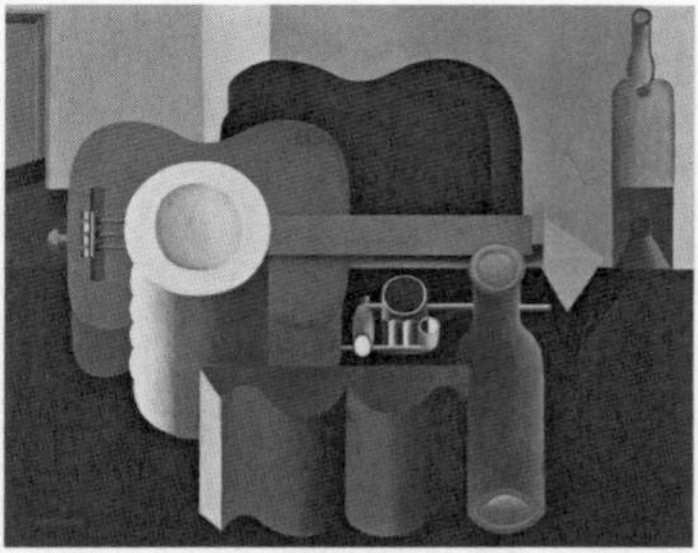
図16　「重ねられた皿のある静物」（1920）

(白)に基づく住宅・ティプ(シトロアン)であり、エマの修道院やイムーブル・ヴィラは共同体・ティプであって、都市モデルもまた都市・ティプである。エスプリ・ヌーボーとはそうした定型を与え、知覚する精神以外のものではなく、当然新時代の人間もまた定型化される。彼のパースにはそのような逞しい肉体をもった人間(居住者・ティプ)がしばしば描かれる。実際、肉体の問題はル・コルビュジエにとっても少なからぬ関心であったようだが、兄を通して知り合った医学博士ピエール・ウィンター(後にコルブ共々にプロト・ファシズムの運動に参加する)は『エスプリ・ヌーヴォー』誌の常連の寄稿者の一人であり、「新しい建築」に「新しい肉体」を対置した。この人間像がすぐれて啓蒙主義的な(タイプの概念そのものが啓蒙期に盛んに議論された概念なのだが)、つまり新時代の「高貴な蛮人」のイメージであることは論をまたない。それも東方で見出されたものであることは前に触れたが、オブジェ・ティプはこうした人間の体(手)の延長として考えられる。してみればプラトン的立体やカルテジアン・グリッドもフォルム・ティプであり、直角すらアングル・ティプなのだが、そうした幾何学的形態秩序の中に差しはさまれたオブジェ・ティプのフォルムとは必ずしも前者と矛盾するものではなくなる。この二つの形態秩序の対位法はすぐれて機械に人間が住みこみ、共存することの隠喩となる。むしろ人文主義的イデオロギーの表明としての「住居機械」。

だが、実の所は、これはレトリックの一つのレヴェルにすぎない。機械の隠喩は機械そのものではないし、人体の隠喩（オブジェ・ティプ）は人間そのものでは当然ないからだ。直角と人体のつながりは、だから実際には、一つの形而上的な詩学の中で成立しているにすぎない。こうした形而上学があからさまにされていくことは、実は形而上学それ自体の成立の基盤を奪うことにつながっていくのだが、それは「住居機械」のシリーズの中で既に見られ得る変質である。ル・コルビュジエの「白い住宅」のシリーズは、「量産住宅」(maison en série）的な精神を備えた「住居機械」であったはずだが、この詩学（「単純な包皮の中の無数の機構」）が展開されていくにつれ、状況は新たな様相を呈してくる。「系《セリー》としての住宅」は「生産の系」としてと「意味（隠喩）の系」としてに分離しはじめるのである。「シトロアン」に始まる前者の系は、二三年のサロン・ドートンヌに出品された「リボ」型住宅モデルとなり、それに興味を抱いたボルドーの実業家アンリ・フルジェの注文によるトンキンの実験住戸、レジェの小団地を経て大規模なペサックの団地の計画へと発展する（何故か「リボ」からレジェまでの計画は「全集」に掲載されていない。二六年の最小限住宅の計画は掲載されているが、「リボ」に極めて類似している）。実現されたペサックは引きこみ道路や水道の不備のため法的な認可がおりず、数年間棚ざらしとなり、おまけに見込みとはちがってコストが高くついたために当初の勤労者向けという計画が、ついにはブルジョアたちのセカンド・ハウスとして売られ、挙句の果ては入居者がデザインに大きな改変を加えるという不運な運命を辿ったが、ル・コルビュジエにとっては最初の街区計画であり、「住居機械」に

図17　ペサック団地（1925–26）

よる労働者小都市がそこに実現されるはずだった。徹底した合理化構法（未経験なその応用が結局、コストの高騰を招いたのだが）に基づいたそれには、フォルムの遊びの余地はなかったが、キュービックな「精確な輪郭」（ル・コルビュジエの好みのことば）と冴えたプロポーションによって充分に「詩的」であり得た。その独自性は二七年のワイゼンホフ実験ジードルンク展での彼のシトロアン・タイプ（幾分の曲面の使用はあるが）を他の参加建築家の作品と比べればはっきりと見てとることができる。キュービックな「住居機械」への志向性はこの時代の近代建築全体の方向性だが、ル・コルビュジエは、プリズム・ピュールを宙にもちあげ、マスに光を通し、軽やかな形態秩序を与えることに際立った手腕をもっていた。カルテジアン（デカルト主義）のリリシズム。それはまた同様に機械のように系《セリー》として生産さるべき都市モデルにおいても同様である。量産を導く精神とは理性である。「人間は理性によって感情を統御し、抱く目的のために感情と本能を抑制する」。『ユルバニスム』においても、ル・コルビュジエは直線（ライン・ティプ）の支配を宣言する。「人間は、目的をもつ故、真直ぐ進む」。直線である「人間の道」に対して、ヨーロッパの都市は「ロバの道」だと、つまり目的意識を欠いて引き回された、というのである。それのみか、「ロバの道」は感傷的な美意識によって信仰の対象とすらされながら（カミロ・ジッテのピクチャレスクな美学）、ヨーロッパ都市を窒息させつつある。都市に息を、光を、秩序を通さなければならない。カルテジアン・グリッドによって支配されたル・コルビュジエの都市モデル（一二二年の「現代都市」は二五年の国際装飾博ではパリの一部に適応される「プラン・ヴォアザン」となった）は、スピードに導かれる大動脈によって秩序の光に射ぬかれる。それはプリズム・ピュールにおける外光やサーキュレーションの扱いと同じである。ここでも住宅と同じように、古典文化への参照性は介在する。ル・コルビュジエがパリにおいて賞讃するのはルイ一四世の時代におけるバロック的な壮大な軸線に置かれた造園術＝都市装美である。ル・ノートルやマンサールの伝統は「ロバの道」によって今や窒息されようとしている。「プラン・ヴォアザン」はパリの古い息詰まるような高密な街区と対比されたために、近代的と見えるが、実際には古典的な都市なのである。しかしそれはル・コルビュジエがエマの修道院を「近代都市」と呼

図18　プラン・ヴォアザン（1925）

んだのと同じ意味においてである。

「三〇〇万人のための現代都市」においても、「プラン・ヴォアザン」においても、あるいは三一年の「輝く都市」においても、オブジェ・ティプは登場しない。いや正確にいうと十字型スカイスクレーパーやルダン型（凹凸型——ヴェルサイユやファランステールを参照させる伝統的なプラン・タイプ）のイムーブル・ヴィラは、静物としての都市風景を現出するレディ・メードの部品としてのオブジェ・ティプであり、プラン・ヴォアザンにコラージュ風に包含されているヴォージュ広場やヴァンドーム広場もまたそうなのだが、それは都市の画布の上では住宅におけるような肉感的な曲面を示していない。彎曲する道はロバの道に通ずる故であろうか？多分そうではない。ただ住宅においてその発見が先に来ただけの話なのである。

直角を一つのオブセッションとしながらも、ル・コルビュジエはその点ではアヴァンギャルドの中で最も厳格かつラジカルな存在であったわけではなかった。「デ・スティル」やシュプレマティズムの還元的な幾何学主義は、オブジェ・ティプの「はちきれんばかりの輪郭」を直角の精神とつなぐというル・コルビュジエの隠喩的なアナロジーとははっきり一線を画している。

「真理は必ずしも極端ではない。極限はしばしば不合理である。たとえば〈繁雑な写実家〉メイソニエと〈一本調子な抽象主義〉のモンドリアン」(『近代絵画』)。絵画ばかりではない。建築においても、ル・コルビュジエは「デ・スティル」の運動に対して必ずしも同調的ではなかった。二三年の秋にレオンス・ローザンベールの画廊で陳列されたテオ・ファン＝デースブルクとコルネリウス・ファン＝エーステレンの三つの建築モデルは、間違いなくこの時代のアヴァンギャルド建築の最もラジカルなフォルムの実験の成果であった。そこでは壁や屋根、床、部屋などという建築的要素――もはや様式建築のヴォキャブラリーのみならず――がすべて観念的な面やヴォリュームに還元され、解体されていた。面は面であり(そのことを示すように原色で彩色された)、ヴォリュームはヴォリュームでしかなく、他の如何なるものをも参照しない。ポンペイのアトリウムやサイロの記憶がそこにオーバーラップしたりすることは決してない。ル・コルビュジエはこのモデルを含む「デ・スティル」展についての評の中で、多様なプリズムが恣意的に扱われ、最も重要な全体像に欠けていると批判した。しかし「デ・スティル」のラジカルなフォルマリズムとはまさにこの全体像――古典的な、とつけ加えておくべきだろうか?――への拒否にあったのである。これに対し、ハンス・リヒターが『G』誌で、『エスプリ・ヌーヴォー』誌はあまりにセンチメンタルかつアカデミックであると「デ・スティル」擁護をし、当のデースブルクは大分後になってル・コルビュジエの「商船モダン」スタイル（とくにクック邸に見られる）をロマンティックなスノビズムだと評したが、これらの反批判はあたっていたといわざるを得ない。都市計画においても二五年の同じ国際装飾博に出品されたキースラーの空中都市のイメージに比べれば、「プラン・ヴォアザン」は申し分なくアカデミックでロマンティックである。このロマンティシズムは、彼が「生産の系《セリー》」から「意味＝隠喩の系《セリー》」へと移行していくにつれて、明らかなものとなっていく。

二五年のメイヤー邸の計画につづいては、二六年のクック邸がある。ル・コルビュジエは、これを「真の立方体」と呼んだ――実際には近似的にのみそうでしかない――が、このプリズム・ピュールは、彼が近代建築の五つの要点と呼んだもの、つまりピロティ、屋上庭園、自由なプラン、横長の窓、自由なファサードの原理の最大限の応用によって、変型されている。この変型――そして五つの原理そのもの――は、機能的な正当化は確かにはかられ得るにしても、明らかにレトリカルな身振りである。平面におけるオブジェ・ティプ＝コルビュジアン・カーブの侵蝕は一層強まっている。それは確かに依然として「住居機械」ではあるが、詩的に住まうための機械である。そして「詩的に」と「住まう」との間の結びつきは両義的なものとなりつつある。アクセントは前者の方に移行してしまう。ル・コルビュジ

図19　スタイン邸（1927）

エの「白い住宅」の系列の最後を形成する二つの記念碑的作品、ガルシュのスタイン（ガートルド・スタインの縁者）邸（二七年）とポワッシーのサヴォア邸（二九―三一年）では、こうした詩的な機構は一層複雑なものとなる。これら二つの住宅は、最小限住宅の系とは対照的に、極めて富裕な施主のためにつくられた豪奢な住宅である。ヨーロッパの近代建築史上に名をとどめる住宅作品の中で、この点でも規模の点でも――ホフマンのストックレー邸を除けば――屈指のものであるこれら二つの「理想のヴィラ」（コーリン・ロウ）では、コルビュジアン・カーブはグリッド・システムに対してアクセントとして付加された文彩《フィギュール》ではもはやなく、全体の構成に蔓延して、グリッド・システム自体に対抗している。ガルシュの家のある部屋では本来なら柱にぶつかるべき壁が、それを

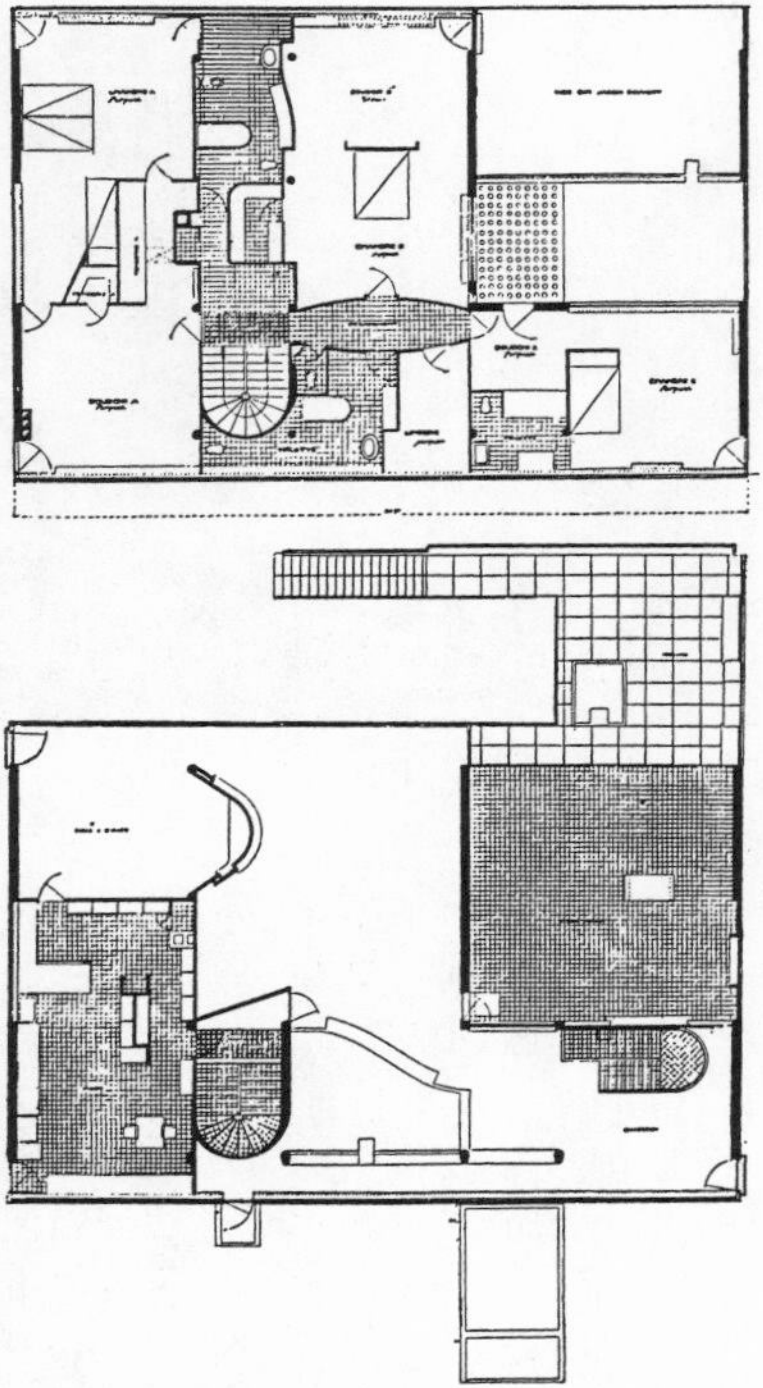

図20　スタイン邸、2・3階平面

僅かに迂回してカーブしている。この場合の柱と壁の関係は面と線の対立を意図的に強調するレトリカルなものでしかない。サヴォア邸の正方形の平面は斜路と彎曲した屋上庭園の壁の立ち上がりによって貫入され、むしろ後者を引き立てるための枠組となっている点でガルシュのグリッドと同じである。ここでの内と外との反転、斜路を中心機構とする建築的プロムナードとそのまわりに展開される隠喩的な風景は、ラ・ロシュ＝ジャンヌレ邸で試みられた可能性を最大限の名人芸《ヴィルトゥオジティ》によって展開したものである。この頃からル・コルビュジエ

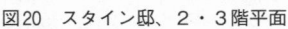

図21　サヴォア邸（1929-31）

（前述のように二八年から彼は絵にもこの名で署名し出している）の絵画には、「詩的な感応を惹き起こすオブジェ」があらわれる。それは昂進されたオブジェ・ティプであり、時には人体であるが、ここではその前身の有用性はもはや問われなくなる。「詩」への傾斜が「有用性」のイデオロギーを超えてしまう。スタイン邸やサヴォア邸でも事情は変らない。機械の隠喩とオブジェ・ティプのそれとが、新精神という形而上学的な機構の上で――だからそれはもともと両義的な関係でしかなかったわけだが――微妙なバランスをとっていた「住居機械」は、もはや巨匠的なレトリックの手段と変貌している。デースブルクのクック邸批判にも見えた船の隠喩、というより直喩は、サヴォア邸により一層明らかである。機械の精神の形而上学は、もはや機械の詩学へと横滑りしている。イデオロギーを逸脱した所では、「機械」はもはや詩学の口実であるにすぎず、他のものへと席を譲っていく布置は既に整えられている。皮肉なことは、元来オブジェ・ティプが、個人主義に対抗する規範として構想されたという事実である。キュービズムの創始者たちと同様の道をル・コルビュジエは歩み出しているのである。「偉大な創始者たちは現在、極端にまで個性化され、もはや議論の外にある」。かつてのことばは五年もたたぬうちに自らにはねかえってくる。ル・コルビュジエは今や巨匠となった。それは本来「住居機械」がそのような存在を必要としたかとは別の話である。ル・コルビュジエはサヴォア邸を二〇戸の団地とする計画をブエノス・アイレスのためにつくっているが、コーリン・ロウによってパラディオのヴィラ・ロトンダに比較されたサヴォア邸は、ロトンダと同じようにヴェルギリウス的な原野（あるいはレイナー・バンハムのことばを借りていえば理想的平面）をその中央にあって支配することこそ相応しい。一九三〇年にスタイン邸における「絵画的分子の混入」を「建築の不倫」とし、「曲線の玩弄」と述べた谷口吉郎は「今や彼は建築を貴婦人化せしめてしまった」と批判したが、スタイン邸にせよ、それ以上にサヴォア邸にせよ、それらはただ一度限り、その場においてのみ生産され得る最高度のモニュマンであり、「量産」の精神とはもはや遠い所に在った。それはもはや「宮殿」たろうとしている。パルテノンは必ずしも電話器と等価ではなくなりつつある。

第三章「建築を擁護する」

住宅《メゾン》と宮殿《パレ》……それは同一の活動の所産であり、その唯一の所産である、というのが真実である。

（ル・コルビュジエ『住宅と宮殿』）

自然の建築家にとっては、宮殿もワラ小屋も同じである。

（クロード＝ニコラ・ルドゥ『法制、習俗、芸術から見た建築』）

ガルシュのスタイン邸が建設された二七年に、ル・コルビュジエは一つの宮殿をめぐるトラブルの渦中にあった。ジュネーブの湖畔につくられる国際連盟の本部つまりパレ・デ・ナシオンの設計競技をめぐるスキャンダルは、とかくトラブルのつきまとっていたル・コルビュジエの生涯の中でもとりわけ有名な事件である。ル・コルビュジエと二二年から彼とパートナーを組んでいた従弟のピエール・ジャンヌレの案が抜きん出たものと認められていたにも拘らず、アカデミー派の謀略によって収奪されたというストーリーはル・コルビュジエ自身によって至る所で喧伝されたし、二八年にＣＩＡＭ（国際近代建築会議）が創設される一

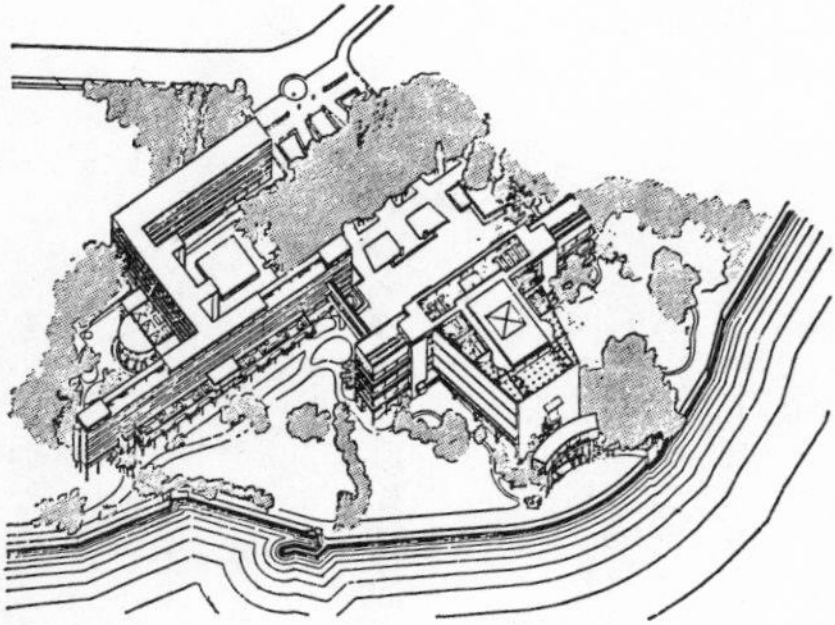

図22　パレ・デ・ナシオン計画（1928–29）

つのきっかけともなった。つまり結果として近代建築の国際的団結を招来したのである。約五年後にル・コルビュジエは再び同様なもう一つの近代派と反近代派の象徴的な抗争の中にいた。クレムリンのそばにつくられるソヴィエト・パレスの国際設計競技である。二〇年代の、とくに後半においてソヴィエト・アヴァンギャルドはめざましい成果を挙げたのだが、この設計競技でもアカデミシャン、ボリス・イオファンが勝利を収め、ル・コルビュジエをも含む「近代派」は敗退した。以後、スターリン下のソヴィエト＝ロシアでは社会主義リアリズムによって主導される「赤い古典主義」が前面に押し出され、アヴァンギャルドは沈黙を余儀なくされる。パレ・デ・ナシオンは勃興しつつあるアヴァンギャルドに対して一九世紀アカデミズムの抵抗がなお大きかったことを示すし、ソヴィエト・パレスは勝利したかに見えるアヴァンギャルドに対する三〇年代の反動の幕明けをしるすものであった。どちらの「宮殿」——それもただの宮殿ではなく各々、世界の中心をなす宮殿——の場合にもル・コルビュジエは近代派の英雄的かつ悲劇的な闘争の立て役者であった。その後も繰り返される構図である。だがことの黒白だけで判断してしまうと、つまり「近代」と「アカデミー」あるいは「反動」というような二分法だけでものを見てしまうと、問題のある部分が抜け落ちてしまう。半世紀以上を経た今日には、その部分こそが問われるべきことなのだが。

パレ・デ・ナシオンをめぐる顚末をル・コルビュジエは『住宅と宮殿』と題する本にまとめた。「宮殿」のテーマは、収奪された無念によってル・コルビュジエの頭にはオブセッションとして焼きついたようだ。『建築をめざして』が二四年に再版された時には、「建築は住宅のこと、普通のどこにでもある住宅のこと、普通の平凡な人々のためのそれを取り上げていた。宮殿は捨て置いた。これは時代の特色だ」と書いたル・コルビュジエは、二八年の第三版の序文では、「かつては正しい分別をして下さる方々の同意を要求し（そして獲得した『住居機械』を要求するという考えを、それから私たちはまた、その機械が『宮殿』となり得るのだと主張することで、この生まれたばかりの考え方をひっくりかえしたのだ」と述べる。これはもちろん全面的な転倒などではない。「電話器」と「パルテノン」の間には当然「住宅」も「宮殿」も含まれるからだ。事実、この章の冒頭に引用した『住宅と宮殿』の一節は、そう説得している。だが、仔細に見れば、スタイン邸やサヴォア邸が「普通の平凡な人々のための」「普通のどこにでもある住宅」ではないように、既にバランスは一方に傾きはじめている。

「住宅と宮殿……と書いてはみたが、本書名をあるいは『生まれるべくして生まれる建築について』としてもよい。というのは、建物としての耐久性を保証し、その居住性を満たすことに専念する精神活動が、単なる実用本位を超えて、我々に生気と歓喜をもたらす詩的な潜在力の表現を目ざすという、一連の創造過程に現出する否定すべくもない事象こそ、建築と呼ばれているものだからである」(『住宅と宮殿』)。

こうした発言には近代建築家としてのル・コルビュジエの顔は必ずしも浮かび上がってこない。「耐久性」や「居住性」への「専念」が実は既に横滑りしつつある。それは、古代ギリシアの建築家にも、ルネサンスや啓蒙期の建築家にも、更にはル・コルビュジエの不倶戴天の敵であったボーザールのアカデミストにもなし得たであろう発言である。事実、パレ・デ・ナシオンの実施設計を指名されたソルボンヌの主任教授ネノは、ル・コルビュジエをはじめとする新建築を野蛮な反建築と呼んだ。ル・コルビュジエは同じ建築の名の下に自らの案を擁護しようとする。このこと自体は歴史上、様々な分野を含めて、珍しい現象ではない。ただ、この状況においてル・コルビュジエの「建築の擁護」は後に触れるように両刃の剣となる。そしてその萌芽はパレ・デ・ナシオンにも見られるのである。

アカデミーとの実際の対立という政治問題化によって、パレ・デ・ナシオンのル・コルビュジエ案は、とりわけ「近代派」の橋頭堡《きょうとうほ》として印象づけられた。あるいは後に右翼デマゴーグ、アレクサンダー・フォン・ゼンガーが彼に対していったことばを借りていえばモダニズムの「トロイの木馬」（ゼンガーは「ボルシェヴィズムのトロイの木馬」と述べたのだが）であったといってもよい。事実、ル・コルビュジエ自身が『住宅と宮殿』で自案を誇った論旨は、『建築をめざして』のそれと少しも変らない（それは後者の第三版の序文でも強調されている）。つまり、幾何学的精神に基づいて正確かつ明晰に秩序づけられた所に、感動が生まれ、建築が形成される、という信念である。ル・コルビュジエは宣言する、過不足なく人間の生活の必要を満たした原始の住居には既にパンテオンの萌芽が備わっている、と。次にこの原始の人々が、屋外の庇の下に食卓をもち出す。「このベンチこそ記念碑である」。同時に無花果《いちじく》の木を植えていく。「無花果の木も記念碑である」。この議論の仕方は、「聖なる蛮人」のテーマを含めて、全く啓蒙主義的なレトリックである。一八世紀の建築理論家マルク・アントワーヌ・ロージエが広く読まれたその建築論の中で展開する議論のほぼ正確ななぞりであったといってもよい。ちがうのは、ロージエが木を立て（柱）屋根を組む（ペディメントとエンタブラッチャー）という原始人の作業の中から古典主義建築の本質となる要素を具体的にとり出したのに比べて、ル・コルビュジエは「関係性」や「正確さ」や「経済」について語りながら、結局は抽象的な幾何学の精神に議論を帰してしまったことである。ロージエの建築起源論に関しては、ル・コルビュジエは都市計画を扱った他の所で「全体には多様性を、細部には統一性を」という彼の金言を引いているので、知っていたことは疑いない。ロージエはまた、建築には各々その用途なりの品位がなくてはならぬと説いた。宮殿は宮殿なりの、また貧者の家もそれなりの品位があるはずで、必要以上に華美であったり、逆に不足があってもならないというのである。ロージエの議論は、アンシャン・レジームの最後期にさしかかって、それまでの「宮殿」(寺院や王侯の館)のみならず「住宅」(社会施設や中流以下の人々の住居)にも建築家の関心が及び出したことを示している。

啓蒙期と二〇世紀とを結びつけた歴史家はまず『ルドゥからル・コルビュジエまで』を書いたカウフマン(といってもこの本では後者についての言及は殆んどなく、専ら彼が再発掘したルドゥに焦点が合わせられている)であり、次いでカウフマンの同窓ゼードルマイヤーである。ゼードルマイヤーは主著の一つ『中心の喪失』の中で啓蒙期を近代芸術の第一革命期、二〇世紀を第二革命期と定義して比較を試みているのだが、この革命の徴候の一つをゼードルマイヤーはすべての建築的主題の平等化に見る。カテドラルやパラッツォといった、時代のスタイルを主導する課題は失われる。違いは第一革命期ではすべてが上に向って同等化されることである。つまり、例えばクロード゠ニコラ・ルドゥにおいては、あらゆる建築に古代の神殿のような偉容が与えられる。パリの税関にしても、製塩工場にしても、炭焼の家にしても同じである。第二革命期においては逆に下に向って同等化される。ベーレンスのAEGのタービン工場はその限りにおいて前の革命に属するものだったが、その弟子たち、つまりグロピウスやル・コルビュジエでは逆転する。工場が神殿のように見えるのではなく「建築は工場と区別しにくいような外観を呈することになる。グロピウスが設計したデッサウのバウハウスや、ル・コルビュジエが普通の事務所建築風に計画した〈パレ・デ・ナシオン〉などがその例である」(『中心の喪失』)。このことはル・コルビュジエ自身にとっても敵側にとってもその通りであった。違うのは、そこに「建築」を認めるか否かである。「我々の建物には、要求された諸機能を満たすに正確に必要なものを超える余分な一立方センチメートルもない」。ル・コルビュジエが主張するのは「直線の詩、秩序の詩情」である。

「我々は様式的円柱、つけ柱、ペディメント、軒蛇腹などのようなアカデミーの公式を一切用いなかった。というのは、これらの要求はすべて虚偽だからだ」「宮殿というものを我々は、住宅にももたらし得るものと考えた。つまり住宅に宿る宮殿の精神である。それこそ真実の所、我々の仕事における崇高さである」「ヴェルサイユ宮殿、デュカル宮殿、ヴァチカン宮殿など、あなた方が昔日の豪華建造物で宮殿と名のつくもので直ぐに思い出させるこれらすべてのものは、本計画とは如何なる関係もない」(以上『住宅と宮殿』)。

これもル・コルビュジエにとってだけでなく、アカデミーにとってもそう映じたには違いない。とりわけアカデミストたちの案と比べた場合、それは際立ってモダンに見える。だが今日では、そのル・コルビュジエ案にも「ヴェルサイユ」的なものが見てとれることを既に何人かの評者たちは指摘している。それは配置(造園をも含めて)の点でそうであり、また立面(とくに会議棟の湖側)においてそうである。ル・コルビュジエはアカデミストとの距離をコンポジションが非対称であることでも説明しているが会議棟は著しくシンメトリックであり、デッサウ・バウハウス、またはリシッキーの「雲の弓鋸《ヴォルケンビューゲル》」計画を思わせる非対称な事務棟の平面も、『住宅と宮殿』に付された別の図面では、前面にスペースがあるなら完全に軸に沿って対称にし得る別の代案が示されており、また、応募案でもそれを軸を中心に鏡状に折り返した増築案が示唆されている。更に二年後に敷地が移された後につくられた案での事務棟はコの字型平面にと変えられている。それは「三〇〇万人のための現代都市」以来のルダン型住居のモチーフであるが、ヴェルサイユやファランステールのパターンでもある。アカデミストたちがこの最終案のパターンを剽窃《ひょうせつ》したとル・コルビュジエは非をならしているが、それ自体にもともとアカデミックな傾向がなかったわけではないのである。建築史家のケネス・フランプトンがいうように、ル・コルビュジエ案にイタリアのパラッツォ的な部分があると特定できるかどうかはともかくとして、それが古典主義建築の伝統やイコンから多くのものをくみとっていることは間違いない。このことはフランプトンが行っているような、もう一つの応募案ハンネス・マイヤーとハンス・ヴィットヴァーの計画との比較の上で明確にあらわれてくる。マイヤーはこの建物を「パレ」の名で呼ぶことを拒否している。「我々の国際連盟の建物（傍点引用者）は何ものをも象徴化しない」「この建物は美しくも醜くもない」「この建物は造園術によってその公園状の敷地と人為的に結びつけようなどとはしていない」。「建築」ではなく「建物」と呼んだり、最後の件りといい、それはル・コルビュジエへのあてこすりと聞える。フランプトンは仔細な分析を加えた挙句、人文主義者ル・コルビュジエの案の方が功利主義者マイヤーの案よりも機能的かつ経済的に収まっているとし、「功利的なイコノグラフィは最適の功利性を保証するものではないし、逆に観念的イコノグラフィは効率的な解を排除するものではない」と述べている。にも拘らず、このフランプトンの分析を単に左（マイヤー）も右（アカデミスト）も切って、ル・コルビュジエがイコンとしての豊かさでも機能的配慮でも勝っていると結論づけて終りにするわけにはいかない。ここでは機能主義と建築のイコノグラフィー（図像学）の関係がより複雑になってきているにすぎないのである。何故ならば、比較すると、遥かにエレガントで、古典的な均衡の上に近代的なプロポーションをもったル・コルビュジエの精巧なプリズム・ピュールはイコンとして非の打ち所がない美しいものであったとしても、マイヤーのあらゆる正面性を排した（ル・コルビュジエ案と会議棟を比較せよ）文字通り工場か（ゼードルマイヤーのいうように）事務所としか見えない案が、「何ものも象徴化しない」という作者の明言にも拘らず、イコンとしてル・コルビュジエ案をしのぐ強い衝撃力を

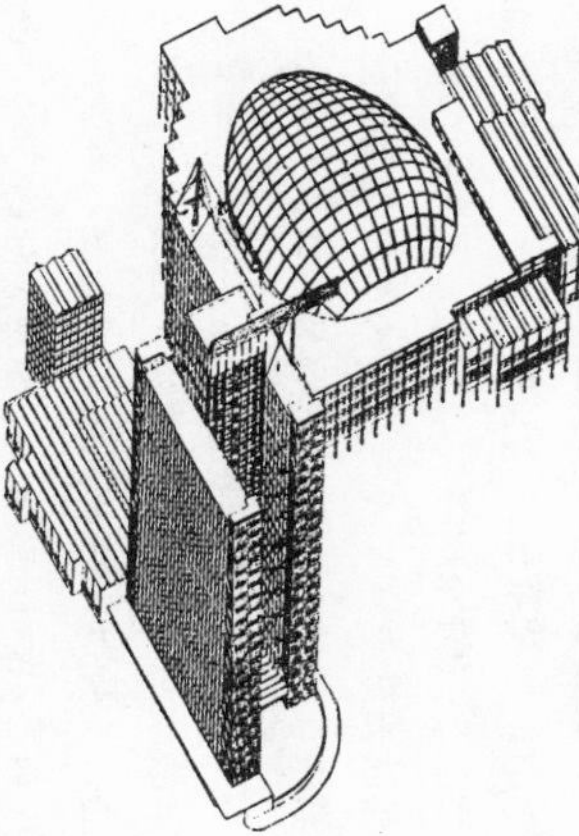

図23　ハンネス・マイヤー：パレ・デ・ナシオン計画（1927）

もっているからである。理論としてのことば尻だけを捉えれば、ル・コルビュジエは「美しくも醜くもない」マイヤーとちがい、自案は美と感動に奉仕していると一線を画すことはできるし、事実そうしたのである。だが、ここでル・コルビュジエはアカデミストたちが彼との間に線を引いている同じことばでラジカルな機能主義者との間にもう一本の線を引くことを強いられているのである。状況は錯綜しはじめる。

国際連盟をめぐるスキャンダルが未だ結着のついていない二八年の六月にスイスのラ・サラでCIAM（国際近代建築会議）の創設会議が開かれた。これが近代建築・都市計画史上でエポック・メーキングな事件だったことは間違いない。それはモダニスト・インターナショナル、建築の国際連盟であり、事務局長をつとめた歴史家ジークフリート・ギーディオンのプロパガンダ、『空間・時間・建築』によってCIAMから逆算してすべての近代建築運動が書き直されたために、近代建築の代名詞にもなったのだが、実際、この神話には幾つかの両義的な部分が残されていないわけではない。CIAM以前、ル・コルビュジエは国内においては何ら組織や公共機関と関連をもたぬ市井の一建築家——それも免許をもたぬ——にすぎなかった。彼の国際的名声は主としてジャーナリズムを通してであったといってよい。国際的な近代建築の運動の中心は、二〇年代の後半にあってはドイツであった。工作連盟はシュトゥットガルトのワイゼンホフ実験ジードルンク展を企画し、前衛建築家たちは「リング」グループを組み、様々な困難を経つつもデッサウ・バウハウスはそれなりの成果を挙げ、エルンスト・マイのフランクフルトやマルティン・ワグナーとブルーノ・タウトのベルリンの他、各地に新しいジードルンク（集合住宅団地）がつくられつつあった。それらに匹敵するものはフランスには何一つなかった。ドイツどころか混乱から立て直しをはかる最中のソヴィエト＝ロシアや小国のオランダやベルギーにすら後れをとっていたといってもよい。ル・コルビュジエはＣＩＡＭによって国際的な主導権《ヘゲモニー》をはじめてとったのである。他に彼に匹敵する人材がいなかったわけではないはずだが、ミース・ファン・デル・ローエは何故かＣＩＡＭには参加しなかったし、グロピウスやオランダのＪ・Ｊ・Ｐ・アウトは第一回を欠席して出遅れた。ロシアの代表者たちも第一回参加のヴィザがおりなかった。エルンスト・マイはフランクフルトでの大量建設という実績によって第二回大会を自らの膝元で開催した（この時ル・コルビュジエが欠席したのは、後述のフーゴー・ヘーリンクとの経緯も含めて意図的な行動であったらしい）が、すぐ後でソヴィエトに渡ってしまった。決定的なことには、ドイツとソヴィエトでは三〇年代に入ってモダニストたちは活動の場を奪われてしまった。立場は逆転し、第四回大会以後、会はフランス・グループの牛耳るところとなった。

　会の性格上、ＣＩＡＭのテーマは一般化し得る公理、つまり都市計画と住宅（とくに集合住宅）と技術（経済を含む）である。この点に関してはル・コルビュジエの言説は、実作の歩みを見るとむしろ不思議なほどに、一貫して合理主義的であったから、ＣＩＡＭの教義がル・コルビュジアニズム化してもさしたる異和感がなかったのは道理である。それに広く近代的理念を啓蒙するというCIAMの目的上からいっても、外に出るものは一本化されておく必要があった。内部の抗争はむしろ隠され、公式記録にはとどめられていない。しかし、実際にはその後のル・コルビュジエの展開を理解する上で重要な伏線と思われる討論が交わされていた。一つはドイツの「リング」グループを代表するフーゴー・ヘーリンクとの間の論争であり、もう一つはスイスのABCグループの一員であったオランダのマルト・スタムとの間のそれである。

これらの論争については具体的な情報に欠けている（公式記録に残されていない）ために、類推の域を出ないのだが、ヘーリンクの場合には二五年の有名なガルカウの農場に代表される有機的形態（それをヘーリンクは家畜動物の動線から「機能主義」的に説明した。文字通り「ロバの道」の機能主義）とル・コルビュジエの「直線の詩」学との対立が容易に想像できる。ル・コルビュジエ（及びギーディオン）の表現主義ぎらいは「エスプリ・ヌーボー」時代からはっきりとした批判として表明されている（ギーディオンは『空間・時間・建築』からそれらをすべて排除した）。しかし、ここで二つの問題が残される。「直線の詩」学を機能主義的な正当化の上に必ずしも据え得なくなってきていることと、ル・コルビュジエ自身の作品に昂進されたオブジェ・ティプとしての曲線の使用が頻度を増し、やがて南米での「彎曲の法則」を経て、アルジェ計画での巨大な曲線、そして戦後のロンシャンの表現主義に至ることである。してみれば前者の問題を逆の点から衝いたのが、ラジカルな機能主義者であり、ハンネス・マイヤー、ハンス・シュミットらと共にCIAMの最左派を形成したマルト・スタムであったことは充分に予想し得る。当時パリのル・コルビュジエのアトリエで働いていたアルフレッド・ロートの回想には、CIAM閉会後パリに寄ったスタムに作業中であったモスクワのセントロソユーズの計画案を見せるなという指示があったと記されている。この頃スタムはブリンクマンとファン・デル・フルークトの事務所でロッテルダムのファン・ネレ煙草工場のチーフ・デザイナーとして働いていた。滅多に他の人の作品を賞めなかったル・コルビュジエは、後にファン・ネレ工場を訪れ、「私のこの工場への訪問は私の人生の最も美しい日々の一日であった」と書いている。ル・コルビュジエは、己れの賞揚したはずの「工場」の美学を、より徹底的に――しかし「美学」を否定しつつ――実践した人々の側からの批判という新たな局面を迎える。

二八年にル・コルビュジエは、パレ・デ・ナシオン（そのトラブルはまだ片がついたわけではない）に引きつづき二つの大プロジェクトを手がける。モスクワの生活協同組合の本部（セントロソユーズ）及びジュネーブのムンダネウムの計画である。この過程でル・コルビュジエは、CIAMでのスタムとの論争につづいて近代建築の「左派」との対峙を余儀なくされた。就中《なかんずく》最も有名なものは実現されずに終ったムンダネウムをめぐるチェコの詩人＝批評家カレル・タイゲとの論争である。が、その源はむしろソヴィエト＝ロシアにある。ロシア・アヴァンギャルドこそ、政治革命と平行した芸術革命を志向するなかで、最もラジカルな芸術路線を目ざしていたからである。この「芸術路線」とは、時に「反芸術路線」というべきものでもあった。実際に構成主義を形づくるアヴァンギャルドたちのうちでも最もラジカルな部分（アレクセイ・ガンら）は二〇年にはやくも「芸術に対する和解なき闘い」を宣言し、「芸術に死あれ！」とアジテーションしていた。構成主義者のすべてがこの極論に加担していたわけではないにせよ（例えばモイセイ・ギンズブルグによるガン批判）、社会状況が芸術意識を過激に導かずにおかなかった。それは西欧の芸術否定（例えばダダ）とは全く異った生産主義というフレームワークを用意した。それが他分野にも増して建築に大きなイデオロギー的インパクトを与えたことは容易に首肯し得る。こうしたイデオロギーはリシツキーやエーレンブルクによって西欧にもちこまれた。ロシア・アヴァンギャルドの中にあった二つの傾向、つまり生産主義と一方におけるフォルマリズムは西欧においても、例えばデースブルクの「デ・スティル」との連合を成立させると同時に、ラジカルな反フォルマリズムとしてベルリンの《G》グループや前述のマイヤーやスタムの属するバーゼルのABCグループと合流した。ル・コルビュジエも当然この新しい運動に関心とライバル意識をもたないではおかなかった。『今日の装飾芸術』には「芸術は機械に似ることを要する（構成主義の過ち）」と記され、「我々の目を魅惑するのは純粋形態だけだ」と自らの立場が明記されている。この際のル・コルビュジエは（あるいは将来に亘っても）、自分のプラトニズムがもつ両義性には気づいていなかったように思われる。しかしこの同じ年にロシアではツェリンスキーが、ル・コルビュジエの純粋形態崇拝を、旧世代の古典主義者シシューセフのアカデミズムにも、この時期アヴァンギャルドの庇護者であった人民教育委員ルナチャルスキーにも不幸にも共にあてはまるものと、指摘している。詩人（ル・コルビュジエ）の直観よりも批評家（ツェリンスキー）の分析の方が正確さにおいて優っている。二八年にはル・コルビュジエとは親交があり、『建築をめざして』に相等する『様式と時代』を書いた構成主義者のリーダー、モイセイ・ギンズブルグはル・コルビュジエの美的ピュリタニズムは新しい美学主義の壁につきあたっていると批判している。こうした中でパレ・デ・ナシオン、セントロソユーズそしてムンダネウムがデザインされた。

ムンダネウムはベルギーの慈善家ポール・オトレの発案による計画である。それは国際連盟を、つまり行政府の連合を補正すべく、文化・教育等の世界的センターを意図したもので、パレ・デ・ナシオンを見おろす丘の上に構想された（翌年、位置と内容を若干変え、「世界都市《シテ・モンディアル》」とされた）。世界博物館、図書館、近代のホール、大学などを中心として一つの小都市的な大きさのプロジェクトにル・コルビュジエが与えた配置計画は、パレ・デ・ナシオンにも増して古典的なものである。これまで著者の知る限りではパレ・デ・ナシオンとこの計画の関連性について述べられたことはないが、とりわけ二九年の計画では、既に結着のついていた前者の真向いに置かれているこの施設が、それまでの経緯と無関係ではあり得ないはずである。実際、大学と図書館の部分は、パレ・デ・ナシオンのル・コルビュジエ案の

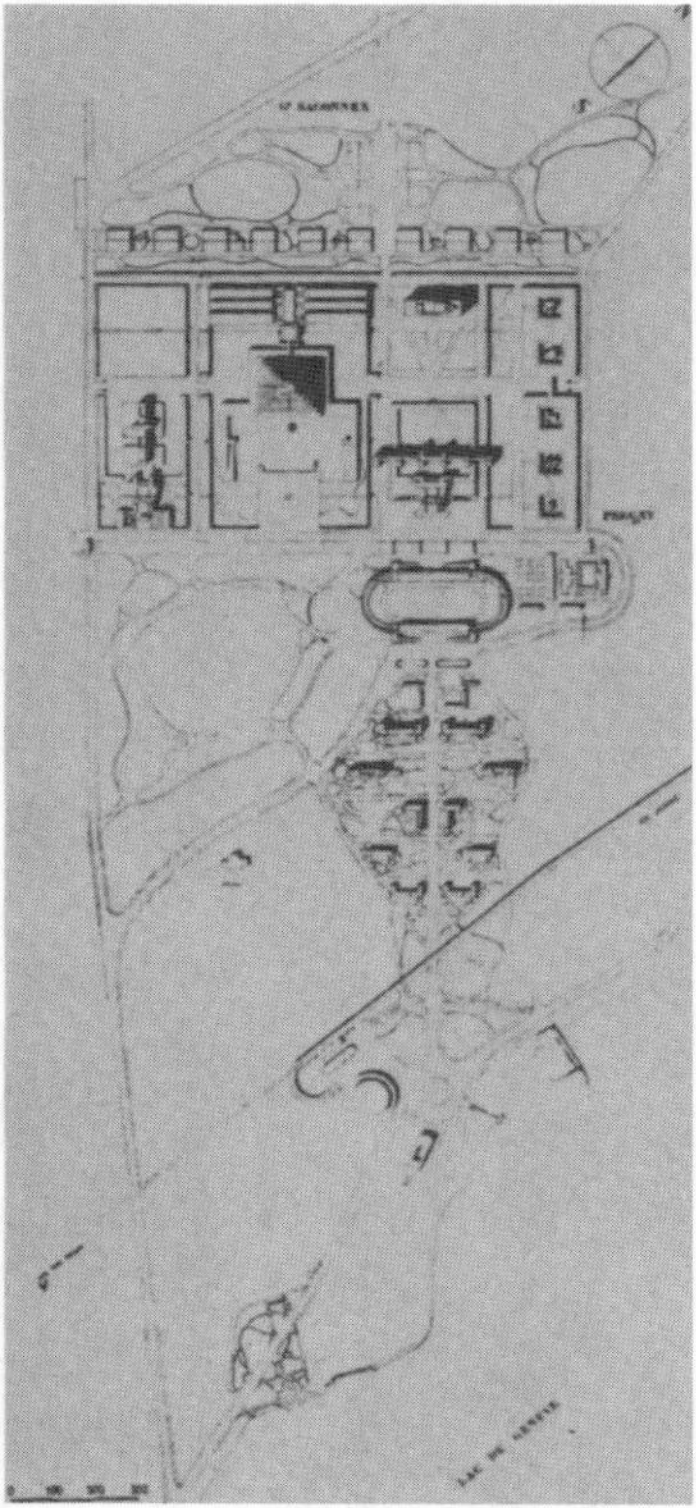

図24　ムンダネウム計画（1928-29）

理想化されたシンメトリーの平面によく似ている。しかし、一層古典性を露わにしているのは中心的な意味をもつ世界博物館である。それは螺旋状の斜面によって展示スペースが構成され、外観はそれを反映して段状のピラミッドとなっている。パレ・デ・ナシオンはともかく（それは何といってもアカデミストの案より遥かに「モダン」に見えた）、ここでの古代への参照性は誰の目にも明らかであった。ル・コルビュジエの純粋幾何学はアカデミスト、シシューセフにも通ずるというツェリンスキーの評は正確な予言となった。何故なら、この時代にピラミッドのフォルムをもった作品として有名な作品といえば他ならぬシシューセフのレーニン廟に他ならなかったからである（この廟は二四年に木造の仮設でつくられ、ムンダネウムと同じ二九年に現在の石造の本デザインが練り直された。ただのピラミッドでなく段状であることまでムンダネウムと同じである）。

当然予想されるように幾つかの批判が惹き起こされた。ドイツの『ダス・ノイエ・フランクフルト』誌ではロジャー・ギンスブルガーが批判を書き、ソヴィエトではエル・リシッキーがアッシリアのサルゴン王の宮殿と比較しつつ、「法則よりはスキャンダラスな画家の目でフォルムをつくるル・コルビュジエのアカデミズム」を攻撃した。最も有名なものは前述の、チェコのタイゲによる批判である。タイゲの批判はムンダネウムのプログラムのユートピア性や黄金分割に基づいた配置のフォルマリズムにも向けられたが、とりわけてピラミッドに集中したことはいうまでもない。タイゲは機能と関わりなくモニュメンタリティを意図してつくられたこのフォルムは「宮殿の過ち」であるといい、更にこの過ちは「住居機械」に威厳と調和と建築的可能性というような抽象的思惟を加えたことによっているのだと批判する。更に「この世のすべては機能×経済という公式の産物である。だからそれらの何ものも芸術ではない。すべての芸術はコンポジションであり、従って特定の目的には向くものでない。すべての生活は機能であり、従って芸術ではない」というハンネス・マイヤーの有名なアフォリズムを引いて、建築家はモニュメントの代りに道具（それはエスプリ・ヌーボー時代からのル・コルビュジエ自身の愛好することばであった）としての建築をつくるべきであり、それにプラス・アルファーを意図などすべきではないと詰問した。

一三歳も若い詩人の直接的な批判にル・コルビュジエ（もう彼も若くはない——といっても四二歳だ！）の払った苦慮は少なくなかったと思われる。彼はパリ－モスクワの往復の車中で反論を書く。それは『建築を擁護する』と題された。「すこぶる大時代的なタイトルであることを私は認める」。タイゲの論旨が明快であるだけ、論争それ自体は複雑なものではない。ル・コルビュジエは、ピラミッド状の螺旋が博物館の動線処理から生まれた機能的フォルムであることを主張している。タイゲやリシツキーはそれが機能と無関係であることを指弾している。このことの黒白は、しかし実はさして重要ではない。文字面は別にして、彼らの論旨を読みこめば、それが機能の故に論じられているのではなくて、機能にも拘らず論じられていることが明らかであるからだ。タイゲは、それが機能を十全に満たしていると証明されたとしても、おそらくピラミッドを認めようとはしなかったにちがいない。ただしその場合、議論の正当化には困窮したであろうが。一方、ル・コルビュジエの困惑は、相手が芸術の分らぬ手合いではなく詩人だったことにあった。このことは「君、詩人よ」という類の呼びかけが数度に亘ってあらわれることからも知れる。つまり彼が「建築を擁護する」、つまり建築における詩人としての自らを擁護するために行わなくてはならぬ相手は、他ならぬ詩人なのである。ル・コルビュジエのこの困惑はその前年にプラハに招かれた（招聘側にタイゲもいた）際の記憶にもある。その際に彼は「技術は抒情の器である」と題する講演を行ったのだが、その終った後に、タイゲと同じくチェコ・アヴァンギャルドを主導した詩人ネズヴァルが叫んだ。「ル・コルビュジエは偉大な詩人だ！」。最大級の皮肉である。この論争は、おそらく、機能主義をめぐる理論的なそれなどではない。芸術か反芸術かをめぐるそれでもない。理論についていえば、機能が功用性のみに限られるわけでないことは、ちょうどこの当時、プラハ言語学サークル、とくに美学者ヤン・ムカジョフスキーによって詩的機能として定式化されようとしていた。ムカジョフスキーらのサークルとタイゲらのポエティズムは密接な関係にあったし、事実ムカジョフスキーの論文にはタイゲの名がしばしば登場する（ル・コルビュジエもまた言及されている）。その一つ、三五年の『社会的事実としての美的機能、規範及び価値』は機能主義建築論に対する批判の意識をこめたものといわれるが、『建築を擁護する』には「美の機能は功用の機能とは独立的である。それらは違ったものなのだ。……功用的なものが美しいというわけではない」とそれを先取りするかのような一節があらわれる。そのまま読めば、ル・コルビュジエはムカジョフスキーと共に教条的《ドグマティック》かつ一面的なタイゲの「機能主義」への批判的な立場にいる。しかし、これはタイゲのポエティズムが、生活の芸術化、「芸術であることを止めた新しい芸術」（ポエティズム宣言）をめざしていたことを思えば、そのまま受けとるわけにはいかない。ル・コルビュジエ‐タイゲ論争は、おそらく二つの理論というより以上に二つの詩学の対立としてとるべきものである。争われているのはピラミッドの機能的な妥当性というよりは、そのシンボリズムが現代にとって相応しいかどうかという問題であったはずである。そしてその限りでいえば、タイゲやマイヤー、スタムの「詩学」に比べて、ル・コルビュジエのそれはより個人主義的、人文主義的、歴史主義的な伝統に根ざしていたといってよいし、モダニズムが、ダダにせよ、「デ・スティル」にせよ、また構成主義にせよ、激しい既存の文化への否定のポーズを共通にもっていたことからすれば、よりモダンでなかったとはいい得るだろう。タイゲを苛立たせたのは、モダニズムが捨て去ったはずの、あるいは捨て去らねばならぬコンテクストを当の革新者たるべきル・コルビュジエが引きずりつづけたことであり、その意味でル・コルビュジエはピラミッド（モニュメント）の建設者であり、モダニストたり得なかった。それは、正確にいえば、技術や道具性というようなモダンなモチーフに拠っていた二〇年代のはじめから、既に、その詩的昂進という形で逸脱の徴候を見せていたのである。そして、この時点で、ル・コルビュジエの言説にも拘らず、「住宅」と「宮殿」は直結しない。何故なら、モニュメントとしての後者は、反復性を拒むからだ。「機械は宮殿となり得」はしないし、住宅と宮殿が「同一の活動の所産である」としたら、住宅は既に――スタイン邸やサヴォア邸に示されているように――「量産の精神」からは遠い。ル・コルビュジエは巨匠の道を登りつめつつさえあったが、巨匠という概念すら、本来モダニズムとは馴染まないものなのだ。こうしてル・コルビュジエは近代建築の中でとりわけ特異かつ例外的な位置を占めていくことになる。絵画におけるピカソと共に、彼は最も有名なモダニストではあるが、最も典型的なモダニストというよりは、ある伝統の最後の継承者なのである。『建築を擁護する』には「あなたはセントロソユーズは近代的な建築だが、ムンダネウムはアカデミックだといおうとしている」という一節がある。ル・コルビュジエがいおうとしているのは共に同じ原理――彼が五つの要点として整理したもの――に拠っているので等しくモダンだということなのだが、実際にタイゲが言及していないにも拘らずセントロソユーズ

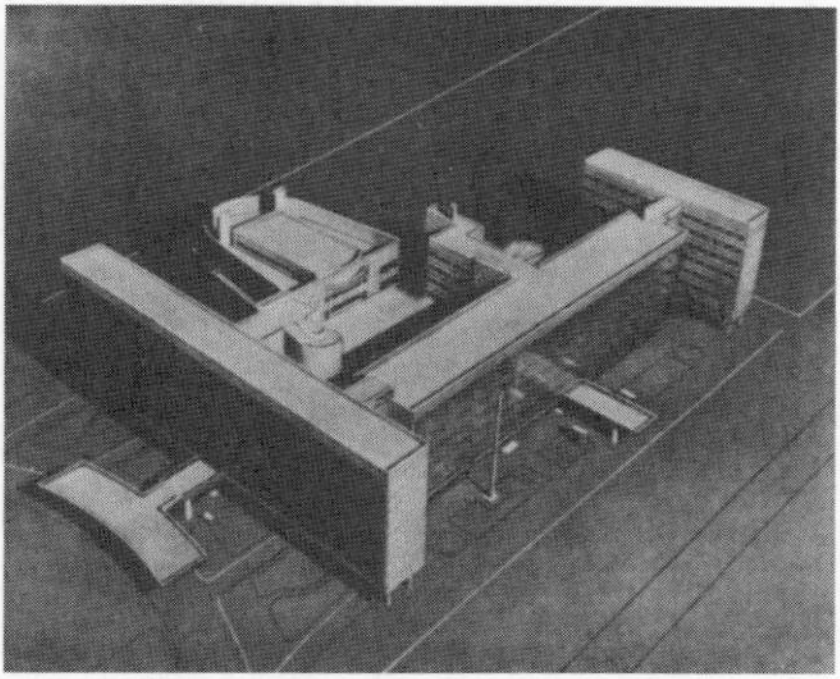
図25　セントロソユーズ（1928-29）

を引き合いに出したということは、ル・コルビュジエ自体がこの二つの大プロジェクトの差について何がしか弁明せざるを得ぬものを感じていた証しととることもできるだろう。セントロソユーズは、ル・コルビュジエにとって戦前に実現した最大の建物である。パレ・デ・ナシオン、ソヴィエト・パレスと共にこの時期に参加した国際的競技設計のすべてに、ル・コルビュジエはめざましい案を呈示し、衆目を集めたが、勝利を収めたのはこの場合のみであった。この建物はパレ・デ・ナシオンからの発展とも、拡大され展開されたサヴォア邸とも読めなくはない。パレ・デ・ナシオン

の事務棟の逆ユの字型平面とそれにまといつく図書館、それにファサード全面に及ぶ連続窓は、とりわけその初期案に変形されながら踏襲されている。石に覆われていることも同じである。違っているのは、スラブ状の事務棟にまといつくヴォリュームが大講堂であるために遥かに大きくなり——その意味ではパレ・デ・ナシオンの会議棟と事務棟のモンタージュのようにも読める——一層彫塑的な曲面となったこと、更に斜路を収める小さな曲面が二つそれに並置されたことである。このスラブ（プリズム）とカーブとの形態上の対立関係は、この時代の白い住宅シリーズのグリッドとカーブのそれと等しい。今やヒューマン・スケールを遥かに離れ、都市というキャンバスにまで引き延ばされたオブジェ・ティプ。メイン・ストリート側からはこのカーブはかくされ、端正なプリズムのファサードのみが見えることによって如何にも「合理主義的」な印象を与える（それは、連続窓が後に間に暖気を通した二重サッシュによる総ガラスのカーテン・ウォールに変更されることによってより強調された）が、実際には住宅の場合と同様に、昂進された詩的機械なのである。構成主義者と対立するロシア・アヴァンギャルドのもう一派、フォルマリストと呼ばれた建築家の集団ASNOVAのリーダーの一人、ニコライ・ドクシャエフが、「ル・コルビュジエのロシアでの追随者たちは、何故に『美学的ピューリズム』と『構成主義の功利主義』との違いを見ないのか？」と問うたことは正鵠を射ていた。サヴォア邸やスタイン邸がそうであるように、セントロソユーズは、規範性——プリズムやグリッドに代表される——と特殊性——詩的な口実と化したオブジェ・ティプ——との間に、住む機械（住宅）と豪奢な宮殿との間の緊張関係に立っている。そしてこの「宮殿」の「ガラスのオルジー」（ハンネス・マイヤー）は経済的逼迫のために一時現場が中断され、再開後も内容を変更——最大のものはル・コルビュジエが「精確な呼吸」と呼んでいた空調システムが採用されなかったことである——され、ル・コルビュジエの手から離れて完成された。

この計画のためにル・コルビュジエは三度に亘ってソヴィエトを訪れている。その過程で彼はもう一つの「擁護」のキャンペーンを張ることになる。今度の擁護の対象は「都市」である。当時ロシア・アヴァンギャルドは都市の新しい姿を求めて論争をくり返していた。「都市と田園の対立の廃止」というマルクス主義の古典的な命題を含めて、それは革命ロシアの中心的な問題たるべきものであった。いずれにしても大都市は資本主義的な「悪」の結晶化したものであり、問題ではなかった。アヴァンギャルドたちは都市の「解体」に着手した。彼らのうち、最もラジカルな人口再配置の構想とは、「電化＋ソヴィエト」というレーニンの全国土的な工業網の形成へのテーゼを受けて、広大なロシアの大地に交通とエネルギーのネットワークを張りめぐらし、それに工業化された建築を配していくというものであった。古参ボルシェヴィキで党幹部であったミリューチンはそれを線状都市の理論としてまとめ、ウラルや南部の新しい工業都市には様々な新しい計画が行われた。ル・コルビュジエすら「詩人、ロシア構成主義の希望」と『建築を擁護する』の中で賞讃したイワン・レオニドフは、その一つマグニトゴルスクのために、大地の上に描かれたシュプレマティズムを展開した。果てしなく広がる純粋幾何学のシステム、それはまさに「光の下に集められたヴォリュームの壮麗、正確かつ巧緻な戯れ」であった。その中にはムンダネウムで紛糾を呼んだピラミッドも確かにあったのだが、それも全体の超越的な風景の中に過不足なく融合していた。これらの新都市の実現は、しかし、技術的・経済的な遅れによって、建築家たちの抱負に遥かに及ばぬレヴェルにとどまったばかりか、現実との落差の大きさによって党からのアヴァンギャルドへの不信を買い、後の社会主義リアリズムの全面的制圧の一要因になるのだが、ル・コルビュジエの訪ソ時はちょうどその端境期にあたっていた。三〇年にモスクワの郊外に大サナトリウムを中心とするリゾート都市の計画が「グリーン・シティ」の名で競技設計とされた。アヴァンギャルドたちはこの期を捉えてモスクワの解体を含むラジカルな提案をまとめ上げた。既にル・コルビュジエの盟友の一人となっていたギンズブルグもまたその一人であった。ギンズブルグはこの前年に財務省の官吏のための共同住宅ナルコムフィンをモスクワに完成していた。ナルコムフィンの着想は明らかにル・コルビュジエのイムーブル・ヴィラにある。ピロティや彫塑的なペントハウスやバルコニーの扱い、連続窓などもイムーブル・ヴィラ以降のコルブの言語が巧みにとりあげられていた。ギンズブルグはそれにメゾネットの方式をとり入れたが、この新工夫は逆にル・コルビュジエの採用する所となった。しかしグリーン・シティにおいては、既にモニュメンタルな共同住宅すら姿を消していた。徹底的な反都市性が貫かれていたのである。ル・コルビュジエはギンズブルグに書簡を書いた。後に『プレシジョン』に収録されたこの書簡の中で、ル・コルビュジエは田園への機械の導入は可だが、都市を田園に戻すという逆行はあり得ないと書いている。「人間は集合の欲望をもっているのです」「ギンズブルグ氏よ、近代建築とは、まさしく共同体の生活を組織化することをその崇高な使命とするものなのです」。都市主義者であったル・コルビュジエは大モスクワ計画の推進者セルゼイ・ゴルニーからのコンサルタントの打診の機会を逃さなかった。彼は依頼与件を遥かに超えた二〇枚のプレートをモスクワにもちこんだ。ブリュッセルで同年開かれた第三回CIAMにももちこまれたこの構想は、後に「輝く都市」としてまとめられるものの原点をなしている。

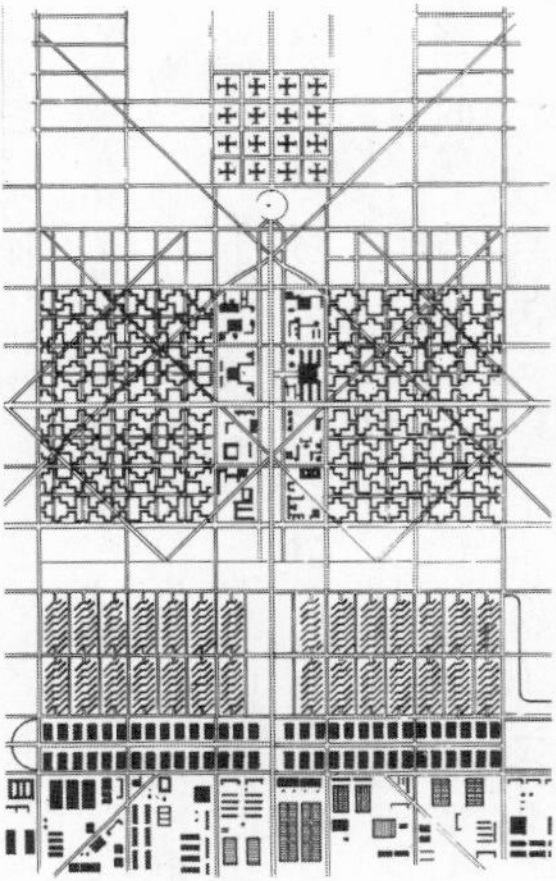

図26　「輝く都市」（1931）

「輝く都市」は二二年の「三〇〇万人のための現代都市」や二五年以降のプラン・ヴォアザンを発展させたものである。新しさは基本的に二つの点にある。一つはそれまでのものがビジネス都市にすぎなかったのに対して、「輝く都市」では住宅及び再生産（余暇——グリーン・シティの構想と無関係でない）の機能が重視されたこと、二つには住宅が以前のものではヒエラルキーをもっていたのに対して、「三〇〇万人……」の周縁の田園都市の廃止を含めて、すべてが一体化されたことである。労働者は平等な経済的権利をもって都市の中に再統合化される。「都市、人間的になる都市とは階級のない都市である」。ル・コルビュジエのこの時代の都市モデルは常に全体性として構想された所が特徴である。第三回CIAMに彼がこの構想をもちこもうとしたのは、その時のテーマ「合理的配置」に対して、具体的にいえばドイツのモダニストたちのジードルンクの手法――あくまで技術的なものを媒介にしてしか計画のイデオロギーを拡げていかない――に対しての批判であった。グロピウスのカールスルーエのダメルシュトック・ジードルンクやヒルベルザイマーの「大都市」と題されたモデル計画では規則的な法則に従って同一のユニットが反復されている。それはテクノロジーと計画のイデオロギーのつくり出した冷厳な都市機械の部品である。「輝く都市」はそれに比べれば遥かにロマンティックであり、全体像から居住者の理想像（ル・コルビュジエは相い変らず「聖なる蛮人」の人物像をかきつづけた）までに通底するル・コルビュジエ個人のイメージ――客観的な法則というよりも――が遍在化している。ブリュッセルのCIAMではル・コルビュジエやギーディオンら主流に対して、会の準備を担ってきたシュミット、スタムら左派の批判が加えられた。「輝く都市」がその的の一つであったことは疑いない。ル・コルビュジエの「モスクワへの応答」に対して、依頼者のゴルニーはそこには都市の中に生活するのが如何なる人々なのかに関わるこたえが見出されないと批判した。「聖なる蛮人」の神話と社会主義建設の具体的プログラムの間にこうした距離があるのは当然である。「都市計画のみによって社会体系を治癒し得るはずはない」。それは、自らを常に政治性の枠組の外に置いてきたル・コルビュジエにとって不可避的な批判であった。しかし一方、三四年には彼は右派デマゴーグ、アレクサンダー・フォン・ゼンガーによって「ボルシェヴィズムのトロイの木馬」と非難された。このことが有名になったのは少なからずル・コルビュジエ自身の喧伝によっている。右翼からはボルシェヴィキ扱いされ、逆に左翼からはプチ・ブル反動呼ばわりされたというのは、彼が好んで再三なした言動である。それは結局は、建築家としての自らのステータスを、政治的な両義性の彼方に確保するためのレトリックであったが、時代の急変は必ずしもそれを許さなかった。ル・コルビュジエは、この時代の政治と建築との関わりの上での最大のスキャンダルとなったソヴィエト・パレスの設計競技を転機として、自らの政治的な道を選びとらなくてはならなかった。

ソヴィエト・パレスは明らかに大きな政治的意図によるプロジェクトであった。つまり国際連盟に対抗する世界の労働者の宮殿をつくり出し、スターリン政権のショー・ピースとするために計画された。それはまた第一次五ヵ年計画の成果をセレブレートするものでもあった。一万五〇〇〇人と六五〇〇人を収容する二つの巨大なホールをもったこのコンプレックスは、この国の常として、不可解な何段階かの設計競技に付された。ル・コルビュジエはソヴィエト＝ロシアに大きな期待をかけていた。「私は敢てロシアを知ろうなどとは試みな

図27　ソヴィエト・パレス計画（1931）

い。それは賭けにも等しいだろう。だが私は『クラスニイ』ならびに『クラシィヴォ』ということばが口にいわれるのを聞くのである。私は訊ねる。クラスニイとは赤いであり、クラシィヴォとは美しいということである。聞くところによれば、この二つのことば、即ち赤いと美しいとは混同されていたということである。赤が即ち美だったのである」。パリは一向にプラン・ヴォアザンを実行に移す気配はない。ソヴィエトでは「輝く都市」は実現の見こみが大いにある。それまで手がけた最大の建物、セントロソユーズは建ちつつあった。このナショナル・プロジェクトまでものにし得れば……と考えたのも無理からぬことだったかもしれない。案は、見事なものであった。「パレ・デ・ナシオンやセントロソユーズを思い浮かべてソヴィエト・パレスと比べて見ると、前の二つの計画は古典的でほとんどアカデミックに見える」とフォン・モースは書いているが、それはこれまでのル・コルビュジエのどの作品と比べても違っている。厳密にいえば、ここでもル・コルビュジエの古典性が影を潜めているわけではない。幾つかのスタディ中の配置のヴァリアントを見ると、同じエレメントが最初の非対称な配置から徐々に完璧なシンメトリーの軸上に集結されていく様がはっきりと分かる。しかし巨大なパラボラ・アーチによる吊り構造をもったダイナミックな形態は、その古典性を忘れさせる。それが構成主義者たちの計画からヒントを得ているということは充分考えられる。吊り構造はヴェスニン兄弟が既に採用しているし、吊りではないが、ケーブルによる構造はレオニドフによってその革命的なレーニン研究所の案等で展開されていた。だが、ル・コルビュジエのそれでは、構造のダイナミズムは、殆んどむき出しのレトリックとなっている。この表現主義的といってよいほどの強さは、グロピウスやメンデルゾーン、あるいはギンズブルグらのコントロールされたモダニズムに比べれば、むしろ異様とすら呼び得る。この「宮殿」のプログラムと第一次五ヵ年計画という彼好みの「計画」のイデオロギーへの熱狂が、そうなさしめたと読むことはた易いが、しかし、考えてみると、パレ・デ・ナシオンの一等を簒奪された建築家が、その敵討ちを赤のパレ・デ・ナシオンによって果たそうというのは、いささか奇妙な話ではある。しかもこの時期、ル・コルビュジエはパリでは、クロポトキン風の互助主義とカトリシズムが合体したブルジョア的な慈善事業、つまり救世軍のための難民院——しかもそのパトロンであり、ル・コルビュジエに仕事を委ねたのはポリニャック公女であった——の仕事に従事していた。このことは、確かに、ボルシェヴィキ（ゼンガーのいうような）にもブルジョア反動（ユマニテのいうような）においてもあり得ぬことである。この時点では、建築と政治の分離、建築家の非イデオローグ性という、ル・コルビュジエ自身も説明したようなやり方でしか、それは括り得ぬかに見える。しかしソヴィエト・パレスの顚末は、選択を不可避的なものとした。

ル・コルビュジエは自案に満腔の自信をもっていたようだ――そして実際それだけのことはあったのだが。それはオリジナリティにおいても、近代的なテクノロジーの駆使という点でも、際立っていた。モダニズムの作品としてはオリジナリティが、つまり作者の個人的な身振りが、強すぎるとしても、である。ル・コルビュジエ自身によると、非公式に一等選出の見こみが伝えられたという（もっともこれは確かな話ではなさそうだが）。しかし第二次競技の結果が公表され、三人の一等受賞者の名が明らかにされた時、彼の名はそこになかった。あったのは革命前からのアカデミーの大家であり、宮廷建築家でもあったジョルトフスキー、アメリカの無名の商業建築家ハミルトン、そして後に最終決定案をまとめたジョルトフスキー門下のイオファンの名である。この自らの生涯で最も大胆な作品の拒否に対して、いつでもこの手の挫折を殆んど詐取のように受けとったル・コルビュジエは、「全集」の第二巻の序文に奇妙にもの分かりのよい文章を書いている。「私も妥当と認めざるを得ないような理由であった。その時勢を考えるならば」。つまり彼の案がつくられるのは「今征服しつつある文明の成果によってであって、これからはじまろうとする文明のそれ、ロシアの場がそれだが、ではない」。民衆には「彫像や列柱やペディメントなど」の方が「これまでに知られなかった技術の難しさと重要さに対する解答として出された無庇の線などよりはずっと分かり易い」。「従って、モスクワでは、多分心理分析をよく見透した評決なのだろうと私は思う。頭を下げ、認めることにしよう。残念至極ではあるが」。フォン・モースはこの一文について「時と場合によっては社会は歴史的な建築を必要とすることを認めるには、実際、彼ほどの人間の大きさが必要であった」と書いているが、これは実際いささか疑わしい結論である。評決直後、ル・コルビュジエはかねて親交のあった人民教育委員ルナチャルスキーに書簡を送っている。その文面は二年後の「全集」のそれとは全く違っているし、CIAMを代表してスターリンに宛てた抗議のメッセージは「近代の巨大な文化的努力への全面的侮蔑、劇的な裏切り」をなじるものであった。民衆が古いものに愛着を覚え、新しいものに対して充分な理解をもち得ないことについては、ルナチャルスキーに対して「私は完全に心得ている」といいつつ、ル・コルビュジエは、指導者たちは「もっと前向きで、人の弱さの証しとなりがちな趣味を啓発し、振興すべきではないのか?」と問う。「我々がUSSRに期待をかけているのは権威と建設と指導性である。何故ならばそのようなものが最も高貴かつ純粋な判断を表わすものだからだ。そしてそうでなければ、それならもはやUSSRはないのだ。何の教義も、何の神秘も、他の何ものも!!」。皮肉なことにル・コルビュジエ案はその強烈すぎる表現性の故に拒絶されたのではなく、「芸術的表現」の欠けたる故に拒絶されたのである。セントロソユーズからソヴィエト・パレスの間に、あるいはソヴィエト・パレスの設計競技期間中にすら、ソヴィエト建築の動向は大きく転回しつつあった。賽は既に投げられたのである。セントロソユーズでのル・コルビュジエの協力者であったニコライ・コリは「未だものを見ない目がここにはある。……彼らはあなたの計画を理解することを欲しない」とパリに書き送っている。かつて「左」からイデオロギー的にも造型的にもル・コルビュジエを脅かしたハンネス・マイヤーはソヴィエトに渡って外国人専門家として仕事にあたっていたが、この時期の理論的闘争をつぶさに目のあたりにした挙句、建築の芸術性を認めなくてはならぬ、と百八十度のイデオロギー的転回、自己批判を行っている。幾人かの構成主義者たちは沈黙を余儀なくされ（レオニドフら）、また社会主義リアリズムのモニュメンタルな建築のデザインへと転向した。必ずしも不承不承ばかりだったわけではない。イリヤ・ゴロゾフのように自発的な転向の例もあった。コリですらやがては手のひらをかえしたようにル・コルビュジエの「裸形性」と「粗野なプロポーション」を批判し、表現性の欠如をあげつらう有様であった。

モスクワはツァーの都会でありつづけた。構成主義者の都市解体の夢想も「輝く都市」も紙上にとどまったし、ル・コルビュジエのソヴィエト・パレスの革命的なフォルムが古い街に楔のように打ちこまれることはなかった。「全集」での妙にもの分かりのよい言説は、彼

図28　ボリス・イオファン：ソヴィエト・パレス計画（1931–34）

がかつては新しい約束の地と考えた領域を断念したことを示している。ソヴィエトで彼は自らのルイ一四世（スターリン）やコルベール（ルナチャルスキー）を見出しそこなった。もの分かりのよさは、既に彼が別の道を見出していたことを示す、ともとれなくもない。そこでは、彼はかつてのように「建築か革命か、革命は避けられる」とは、おそらく、いわない。政治は彼自身をもとりこみつつあった。ル・コルビュジエがここにおいて悲劇的な存在《ヒーロー》となっていたことは間違いない。しかし、必ずしも、一般に思われているようにモダニストとしてだけそうであったわけではない。イオファンによるソヴィエト・パレスの最終案は、ル・コルビュジエによって「イタリア・ルネサンス」と呼ばれたが、実際にはルネサンス的なのはローマのヴィットリオ・エマヌエレのモニュメントを思わせる足元の列柱部だけであり、その上部は巨大なレーニン像を載せた段状の円錘ピラミッドである。この重々しいモニュメンタリズムとル・コルビュジエ案自体とは確かに大きな隔たりがあるが、段状ピラミッドにせよ、コの字形平面で足元に前庭を囲いこむ手法にせよ、ムンダネウムの構成とは、必ずしも明確な一線を画し得るとはいえない。ルナチャルスキー宛ての書簡で、ル・コルビュジエはジョルトフスキーの名に言及している。この「赤のパラディオ」が実施設計を担当する可能性が高いと判断したためである。ル・コルビュジエはジョルトフスキーを「真実、真摯かつ才能に恵まれた建築家」と賞讃しつつ、「彼とであれば私は、『近代建築家』を自称する私の西欧の同僚たちよりももっと満足のいくように建築に関して話ができるだろう」と書いている。明らかに巨大な複合物であるソヴィエト・パレスを老アカデミシャンと協働してデザインするチャンスをさぐってのいい方である。西欧のモダニスト（多分念頭に置いているのは左派のラジカルな機能主義者たちだ）よりもアカデミシャンとの方が話が合うというのは、単なる政治的ポーズとだけはいいきれない発言である。彼はソヴィエト・パレスの案の大きな模型をつくっている。結果の出た後、彼はそれをニューヨークの近代美術館に売却しようと試みた。資金を出したのはロックフェラー財団である。ル・コルビュジエにおける両義性は深まる一方である。

第四章　「彎曲の法則」

「軽く着陸せよ、ここの土地はやわらかい」。ただこれだけだ、こんな簡単な文言で世界が征服されるのだ。……それからあのすばらしい発見はどうだ。五百メートルの高度では樹木が畠仕事をしていると見えていたものを、僕が自分の方へ引きよせ、僕の寸法どおりの一人の人間に仕立て上げる。これこそ真実、僕の戦利品、僕の創造、僕の気まぐれだ。つまり僕は人質を取ったのだ、つまりアフリカが僕の所有になったのだ。

（サン＝テグジュペリ『南方郵便機』）

我々は長いこと浜を散歩した。太陽はいま圧倒的だった。砂の上に、海の上に光はこなごなに砕けていた。……ここでは、すべてが、海と砂と太陽、笛と水音との二つの静寂との間に、停止していた。

（カミュ『異邦人』）

近代建築がすぐれてヨーロッパ的な現象、それも技術的な進歩と同じ位に文化的な危機に成立の根拠をもった現象であったことは、今日疑い得ない事実である。グロピウスのダメルシュトックのジードルンクやル・コルビュジエのソヴィエト・パレスが旧来の都市のテクスチャーを切り裂く機械の秩序をもたらそうとした時、それはイデオロギー的な介在として機能せざるを得なかった。それは単なる「インターナショナル・スタイル」（ヒッチコックとジョンソン）としてだけ新建築を移植したアメリカにおいては生じ得ないものであった。渡米後のミース・ファン・デル・ローエの優雅で豪奢な鉄とガラスでできたミリオネアのための「神殿」としての住宅（ファンスワース邸）を見れば、その事情ははっきりのみこめる。それは文化的な批判意識とは一切縁のない完璧に自律的なモニュメントである。三〇年代は建築家たちにとっても決定的な分水嶺をなしていた。ある者にとってそれは圧殺＝沈黙もしくは悲劇的な転向であり、他の者にとっては亡命であり、ミースの場合のような実質上の変更のないままの地滑り的転向であった。

ル・コルビュジエは三〇年代に入ってもアカデミーとの闘いを継続していた。三三年には、パレ・デ・ナシオンのルマルスキエやネノ、ソヴィエト・パレスのジョルトフスキーやイオファンの代りにG・ウムデンシュトックの反新建築キャンペーンに対する反撃を『建築十字軍』と題してまとめた。序文にはこう書いてある。「三三年のこの年に、ソ連はアカデミーに屈伏してしまった。ドイツも同じである。フランスはどうか……」。ロシア・アヴァンギャルドは確かに屈伏し、ドイツの旗手たちも四散してしまった。中止されたモスクワに代って地中海洋上で開かれた第四回ＣＩＡＭは有名なアテネ憲章を採択したが、リーダーシップはほぼ完全にル・コルビュジエの下にあった。グロピウスやミース（在アメリカ）も、マイヤー、タウト、シュミット、スタム（在ソ連）もいなかったのである。ル・コルビュジエは一人でヨーロッパ・モダニズムを背負うかのようであった。だが、変質は、確実に、底流の方で始まっている。

二九年、二度めのソヴィエト行き（その車中で『建築を擁護する』が書かれた）の後、ル・コルビュジエはブエノス・アイレスで一〇回の連続講演を行うために南米に赴いた。この記録は『プレシジョン』（簡明）と題されて出版されている。講演の内容は、それまでも常に語られていることが殆んどである。つまりル・コルビュジエは相変らず「マシニズム」の旗手として、技術の詩情について、幾何学の精神について語った。しかし、南米は同時に、新しい発見をもたらした。ヴェルサイユが馬車のスケールに対応したようにル・コルビュジエにとって現代都市とは歩行者の目よりも自動車のスケールに対応するものだった。しかしここ南米の広大なパンパ（大草原）は飛行機の上からこそ眺めるべきものであった。ル・コルビュジエはサン＝テグジュペリの操縦する飛行機からそれを見た。新しい発見であった。

「観察機に乗って空に上り、そしてあらゆる入江の上にその鵬翼《ほうよく》を駆り、あらゆる尖峰をまわり、都市のまっ只中に入り、両脚で立つ哀れな地上人間に対してはそれ（都会）があのように易々と隠しおおせてきた一切の秘密を、機上より唯の一眼で奪い去った時、その時一切が見られ、一切が理解されたのであります」「機上から私は宇宙的とも呼ばれ得るような光景を見た。何という瞑想への誘い、我が大地のもつ根源的真実性への何という召還よ！」（以上『プレシジョン』）。

ル・コルビュジエが機上から見たのはウルグァイ河やパラグァイ河がゆったりと蛇行しながら広大な原野《キャンバス》の中に巨大な曲線を描いていく様である。それは同じ曲線でありながらもヨーロッパ都市の「ロバの道」とは全く違っている。ル・コルビュジエはそれを彎曲の法則と名づける。つまり河はまず一点から他の点へと直線的に流れるが、何かの条件の投入によって徐々に屈曲をはじめる。それは「観念に投ぜられた精神の投射による波紋と等しい」。蛇行が激しくなる、つまり観念が著しく複雑に分裂していくと、やがて蛇行の屈曲点が、その先の屈曲点と相接触してつながって、またもとの直線に戻ってしまう。それは新しい解決としての単純さであり、「不毛で使用に耐えぬ、沼地のような、澱みきった古い彎曲」とはアカデミズムが陥っている「アナクロニックで身動きならない社会」である。しかしこの説明には幾分の不分明さないし両義性が残されている。つまり原初の直線の状態と夥《おびただ》しい彎曲が流れの力を失わせる末期との間の時点での彎曲はどうなのか？　堕落のはじまりなのか、「精神」が投射された状態なのか？

ル・コルビュジエは南米で「ユルバニズム」の原理を説いたのだが、モンテヴィデオ、サンパウロ、そしてリオ・デ・ジャネイロのために画いたスケッチは、それまでの彼の都市モデルとはいささか違っている。つまりそこで問題にされているのは広大な風景との応答である。応答を行う主要な手段は果てしなく引き延ばされた高架の自動車道路である。それは大地の起伏の高所を結ぶのみでなく、都心部では事務所、郊外部では住居を下におさめる。「サンパウロの椀状突起台地の彎曲を克服するためには、摩天楼上に支えられる水平自動車専用路を建設すれば足りるのであります。全風景が現出するであろう壮大な景観！　セゴヴィアのそれよりも何と偉大なる水路橋、何という巨大なポン・デュ・ガール！」。サンパウロの巨大陸橋は直角に交わる二本の直線である。理想平面上に引かれた巨大なカルテジアン・グリッド。しかし、リオではそれは湾岸線に合わせるかのようにゆったりと彎曲している。そこで新しい風景の詩が生まれる。再び問いが発せられる。それは幾何学の精神からの逸脱なのか、それとも新たな精神の投影なのか？

図29　リオ・デ・ジャネイロのためのスケッチ(1929)

そしてその先には何が待っているのか、それはアカデミズムの袋小路ではないのか、それとも……?

リオの「忘れ難くも狂熱に満ちた夢幻的光景」の中にその詩的風景の一部として挿入された巨大なコルビュジアン・カーブは、次にもう一度反復される。今度の舞台は北アフリカ・アルジェである。アルジェに対するル・コルビュジエの執着は並々ならぬものであった。一〇年以上の年月に亘って彼は同じ都市のために幾つものプランを、報酬もなしにつくりつづけ、最終的には、例によって無に帰した。この異常な執着は、おそらくロシアでの拒否により、そこに最終的な天地を――政治的な選択を含めて――見出そうとしたことによっている。ル・コルビュジエのアルジェとの関わりのクロノロジーはいささか混乱している。彼は戦後の五〇年になって『アルジェの詩』と題する小冊子を出版しているが、ここでの日付ではアルジェへの関与は二九年以来のものとされ、「全集」では、三〇年来の計画とされている。しかし、幾つかの研究では、三一年に「アルジェの友の会」の招きで講演旅行に出かけたのが事実上最初のアルジェとの接触であろうとされている。この時がきっかけでル・コルビュジエはアルジェのための都市計画のスタディをはじめていた。その過程の三二年の春にアルジェの古い街区マリヌが地崩れに襲われ、少なからぬ犠牲者を出した。復旧の計画が焦眉の急となった。ル・コルビュジエにとっては好機である。前年のレクチャーにも出席していた進歩派の市長シャルル・ブリュネルはパリはセーブル街のル・コルビュジエのアトリエ

図30　アルジェ、オビュA計画（1931-32）

を訪れた。ル・コルビュジエが示した案は、例によって単なる復旧のためを超えたスケールであり、市長たちがこれは百年がかりの計画だと述べたのに対して、いやすぐにでもとりかかるべき案なのだと答えたと彼は書いている。案は三二年の暮に市にもちこまれ、同時に『北アフリカ事業』紙がキャンペーンを張った。その記者エドモン・ブリュアが、プランの理想主義的イデーに感じて、身を張ってプロパガンダに励んだのである。Obus（オビュ：弾道の意——湾形がそれを思わせた——）と名づけられたその案は、四つの部分から成り立っていた。岬につき出たマリヌ街、つまり当の復旧の場所には二つのスラブ状ブロックによる業務街が置かれ、皇帝堡塁《ほうるい》と呼ばれる所には、一〇年前の「三〇〇万人のための現代都市」と同じくルダン（鋸）型住居と名づけられた。しかし直線の凹凸ではもはやなく、肉感的な曲線による、上・中流階級のためのブロック、この二者を結ぶ高架の直線の自動車専用道路、そして最も目につくのは浜に沿ってゆったりと展開される「大水道橋」状の構造物――労働者階級のためのブロック――である。「大水道橋」がリオからの継承であることはいうまでもない。

今や超都市的な風景のスケールと化したオブジェ・ティプは、オブジェ・ティプではもはやない。彼がこの頃から「詩的感応を惹き起こすオブジェ」（貝や根、火打石、骨、そして人体など）を絵画に導入しはじめたことと当然これは無縁ではない。昂進された日常的合理性のイデオロギーは、今や完全により直観的で官能的な詩学に席を譲ってしまう。初期のカーブは人体に見合ったスケールであったが、今では大地の曲線と同化している。

ル・コルビュジエに何が起こったのか？　このことを語るのは極めて難しい。変化のみを見てとるのは易しいが、それは必ずしも完全な変曲点をしるしていないからである。南米と北アフリカで「発見」があったことは疑いを容れない。しかし、それは厳密にいうならば「再発見」と呼ぶべきものなのである。その発見の歴史は、モダニスト、ル・コルビュジエの歴史よりも更に以前にすら遡り得る。リオでもアルジェでも、彼は、ヨーロッパ人たちにとっては危険地区とされている場所を訪れている。ブラジルの黒人たち。

「風が吹きわたります、熱帯下にあっては貴重な風。そこであらゆるものを眺める黒人の

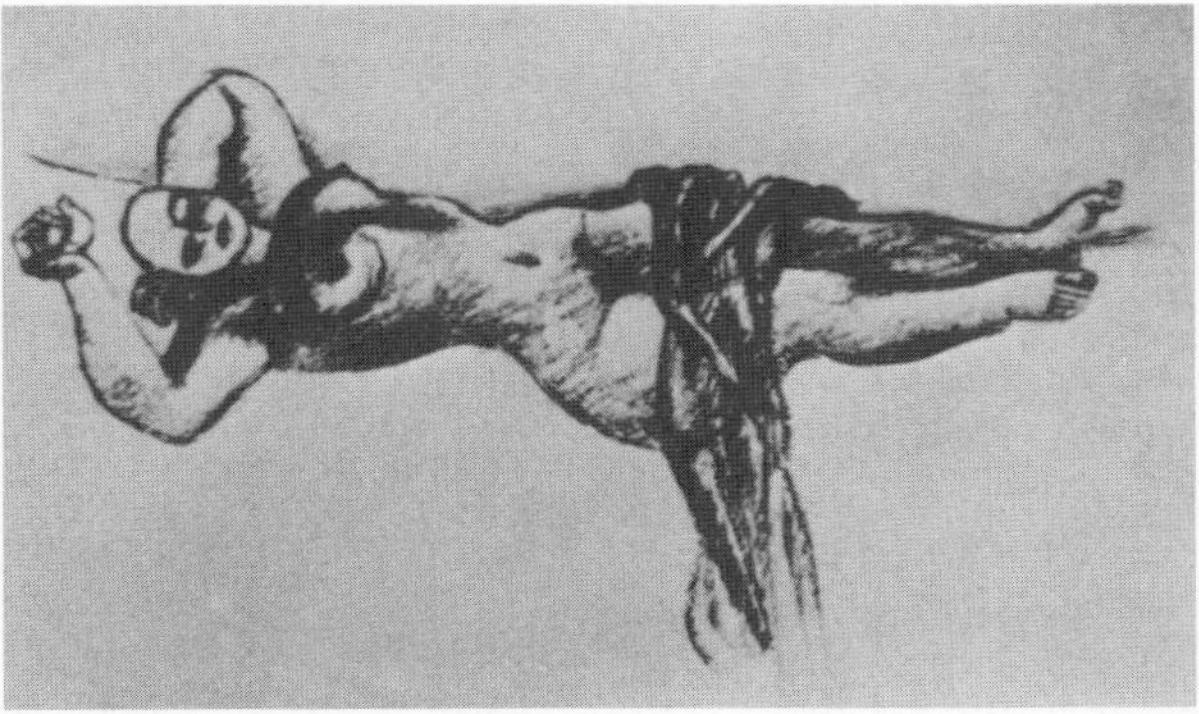

図31　「横たわる裸婦」(1930)

瞳の中には誇りがあります。渺茫《びょうぼう》たる水平線を眺める黒人の瞳は、一段と高貴であります。渺茫たる水平線がその気品を授けるのです」。

南米旅行で彼は見事な肉体をもった黒人ダンサーを知る。

「ジョセフィン・ベーカー、全世界に知られた彼女は、純粋、単純かつ清楚な小児である」。

彼女は、パリに出て、ヨーロッパ人たちを圧倒する。ル・コルビュジエはまた、『プレシジョン』で裸体主義について語る。

「もし私が建築を『人間の家』と考えるならば、私はルソー主義者となる。……私たちは、『裸体人』へものを問いに行くための首途《かどで》に上るルソーを渇望するのである」(一二二〜一二三頁引用『プレシジョン』)。

裸体主義はまたウムデンシュトックとの論争

の焦点の一つであった。ウムデンシュトックはそれを「芸術の新興宗教」と呼んだ。そしてカスバの女たち。ル・コルビュジエは彼女たちを題材にして幾つものスケッチをはじめる。肉感的な曲線が何重にも重ねられる（「輪郭の結婚」）。オブジェ・ティプにこめられた生産主義のイデオロギーは洗い去られる。残ったのは生の肉体の逞しい生命力である。それは一七年に既に発見されていたはずなのだが、ル・コルビュジエは今やそれと直接的に向い合うのである。

肉体の発見（ないし再発見）は、単なる芸術家の直観の上だけの出来事ではない。それが組織的な理論へと翻案される時、詩学は政治の領域へと延伸される。前述したように、ル・コルビュジエの「聖なる蛮人」への鑽仰《さんぎょう》は、医学博士ピエール・ウィンターとの邂逅によって「科学」的啓蒙を施された（ル・コルビュジエにとって「科学」は常に「詩」の一つの分野であった）。彼のアドヴァイスによって建築家は一六年間に亘って週二度のバスケットボールを欠かさなかったと、ウィンターは「全集」第三巻の序文に書いている。CIAMの標語の一つ「憩い」の概念も含め、躍動する健康な肉体の隠喩は、建築においても都市においてもル・コルビュジエの生涯に亘るオブセッションであり、死に至るまでつづいたのだが、それはウィンターによって鼓舞されたイメージである。そして彼を経てル・コルビュジエはもう一つのイデオロギー、つまりサンジカリズム（労働組合主義）へと誘導された。

ル・コルビュジエは、後のルナチャルスキー宛ての手紙でも展開した同じ議論を行っている。

「所で我々は幻想を抱いてはなりません！　私が度々その先見的精神を愛している労働者たちは、我々の家屋を嫌悪することでありましょう」。そこで彼はピラミッド図式を呈示して、上の少数エリートと下の、旧来の概念から仲々脱し得ぬ、「善良なる民衆」との別を説いた。「如何なる革命をもってしても、人は何一つ変え得ぬでありましょう」（一二五頁引用『プレシジョン』）。

ル・コルビュジエにおける民衆との関係は複雑である。彼がエリーティストであったことは否定し得べくもないが、それは啓蒙主義がなべてそうであるという限りにおいてでしかない。ロシアにおいて彼は若い建築家に案内されて農民たちと膝を交えた。フレデリック・スターがいうように、その体験が例の「全集」でのソヴィエト・パレス案の拒否への道理をわきまえたようなコメントにつながっているかどうかはともかく、彼の怒りがエリート、つまりロシアの指導者たちの愚昧主義の方に向けられていたことは間違いない。ロシアの農民たちも、ブラジルの黒人たちも、カスバの女たちも、彼にとっての「聖なる蛮人」の原型であったことは疑いを容れない。欠けているのは新精神の光をそこに通してやることである。

ル・コルビュジエは、しばしば彼の計画する都市の生活者をどのように設定しているのかと、主に左翼の側から問われつづけてきた。それは社会的・政治的な見通しを欠いているという意味で提出された批判である。つまり現実の階級闘争の外に人間像を置いているユートピア、というわけだ。しかし、同時にル・コルビュジエにとっての人間像が具体的な感性を通して、血肉化されていたことも間違いない事実である。それは近代ヨーロッパの枠の外においてなされた再発見において、確実に受肉されている。ピエール・ウィンターは「彼の創作は愛のしるしだ」と書いている。現代においては気恥しいようなこのもののいい様があてはまったという意味で、ル・コルビュジエは間違いなくポピュリストであった。そしてこのような実感をもち得た彼にとって、人間像をめぐる左翼からの批判はそのまま受けとり難いものであったに違いない。ル・コルビュジエの間接的な答えは度々表明されている。建築家は政治・経済人とは別であるべきだ、という類の発言がそれである。通り一遍に受けとるべきではあるまい。それは自分としては建築家として人間のリアリティをもったイメージをもち得るのだという表明と受けとるべきである、左翼の方こそ人間を、肉体的リアリティをもった存在としてではなく経済の範疇でしか見得ていないと。そしてこのことは敷衍すれば感性の政治化につながる。非政治的な政治主義。『現実の人間《ロム・ド・レール》』は実際、サンジカリズムの標語の一つであり、ル・コルビュジエが編集に参加した雑誌のタイトルでもあったが、それはマルクス主義の経済主義への反語であり、従って左翼的言語への拒否でもあった。一方、ブルジョア民主主義も問題にはなり得なかった。大恐慌を迎えたこの時期、ワイマール体制の瓦解に見られるように議会制民主主義は行動においての無能の同義語にすぎず、そこで語られる「人間」は手つづき化され、抽象化され、つまりは力のないそれでしかなかった。革命の混乱へと導く経済人間の概念でも、ブルジョア的無力にしか導かぬ抽象人間の概念でもなく、「現実の人間」、つまり本能的・情緒的かつ「生物学的」な人間による「新しい秩序」への希求としてのサンジカリズム。それはパレ・デ・ナシオン（ブルジョア民主主義の神話）にもソヴィエト・パレス（社会主義の神話）にも裏切られたル・コルビュジエにとって自然な選択とはいい得た。

こうして、本来サン＝シモン主義的な傾向をもつル・コルビュジエはサンジカリズムに魅せられていったのだが、彼の直接のコミット以前にも、ウィンター博士は、フランスのムッソリーニを自称したジョルジュ・ヴァロア（二五年に「フェソー」――イタリア語の「ファッシ」にあたる――党を創設した）の率いる新聞『新世界』に、プラン・ヴォアザンを紹介し、「このような強力な都市計画のプログラム――ファシスト政府のプログラム――のみが、近代都市をすべての人々の必要性に応ぜしめ得るのだ」と書いた。「ファシズム＝ナショナリズム＋社会主義」という定式をしていたヴァロアのフェソー党は、多くのプロト・ファシズム・グループがそうであったようにその後四分五裂していったが、そのメンバーの一人で二八年に党を除名になった若い弁護士フィリップ・ラムールは、同じく除名処分になったウィンターと共に新しい運動を始める。雑誌『プラン』がその一環としてあった。ル・コルビュジエはその編集者の一人となった。この時期のサンジカリズムは地域主義と一方それを軸にしたヨーロッパ全体の秩序の再編成という国際性を志向し、また左翼的要素と右翼的要素の両方をもっていた。このことはラムールが後に人民戦線時代には左翼に身を投じ、一方彼を通じて『プラン』にも関わっていた古くからのサンジカリズムの中心人物の一人ラガルデルが逆に右傾化して、ヴィシー政府の重鎮となって、戦後終身刑を科せられるに至ったことからも知れる。国際的なレヴェルでは、ラムールらは三二年にフランクフルトで「若いヨーロッパ憲章」を制定している。この会議で、ドイツ側は黒色戦線、つまり国家社会主義左派のリヒアルト・シャッパーを代表とし、ムッソリーニ政府もオブザーバーを送った。彼らの基本綱領は二点に集約される。ヨーロッパの新秩序に拠る諸条約の廃止、そして全体計画に基づいた資本主義の廃絶である。しかしこれらの構想もすぐにナチズムの評価をめぐって組織が分裂、ラムールがマルクス主義者と提携し、『プラン』の内容を左傾化させていくと、ル・コルビュジエ、ウィンター、ラガルデル、フランソワ・ド・ピエルフー（後の『人間の家』でのル・コルビュジエの協働者）は三三年に新しい雑誌『プレリュード』を発刊する。ル・コルビュジエの参加はもはや限定的なものではなかった。彼は「地域主義及びサンジカリスト行動のための中央委員会」のメンバーにも名を連ねた。紛れもなく政治的行動である。それが十分な意味では政治的でなかったとすれば、それはサンジカリズム全体、ひいてはファシズムのある部分に関してもそういえるという意味において、つまりその両義性においてでしかない。

チャールズ・ジェンクスは、アルジェに代表される曲線の全面化を「それはひとりの人間

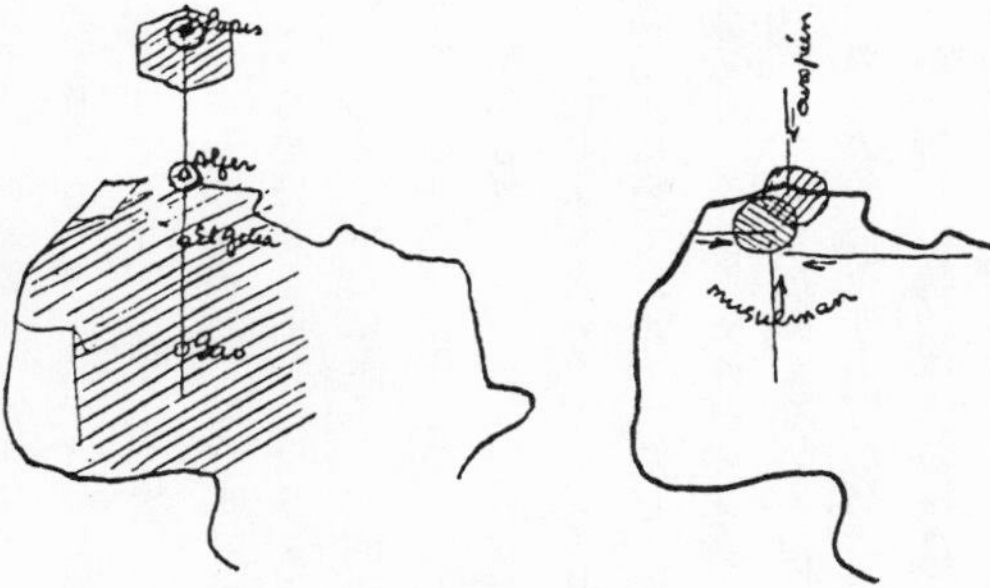

図32　アルジェの世界軸（1942）

にとって、全くの転向である。それはかつて曲線をロバの道として呪ってきたし、また『文化は精神の直角の状態である』と宣言してきた当人なのだ」と書いているが、話はおそらくそう単純ないいきりを許容しない。何故なら、アルジェのカーブは、確実な変貌は呼びこんだとしても、その後も一般化されつづけたわけではないからである。アルジェ、オビュA計画やソヴィエト・パレス計画と平行してル・コルビュジエは、他にも幾つかの計画を手がけている。それらは、様々のスタイルと様々のイデオロギーの混淆である。セントロソユーズの「現代性」とムンダネウムの「アカデミズム」が各々相対的なものでしかなかったように、それらもどのようにも読みとり得る。多くの同時代人たちは、戦後のロンシャンに至るまで、それらをモダニズムというフィルターを通してしか見なかった。事実、パリの救世軍の難民院やナンジェセール・エ・コリ街のアパート、同じく大学都市のスイス学生館、ジユネーブのイムーブル・クラルテなどの作品群は確かに「全くの転向」などと形容するにはあまりにもモダニスティックに「見え」る。都市計画においても、むしろオビュAはその後も例外であり、「輝く都市」のシェマが至る所で反復され、そこではルダン型住宅もアルジエとちがって直線的に屈曲する。アルジェにおいてもオビュAの「大水道橋」は一年後のオビュBでは姿を消し（マリヌ街のオフィス・ブロックがH型平面のタワーになっている）、同年のオビュCに至ると曲面状のルダン型住宅もなくなってしまう。つまりもともとのマリヌ街の計画だけに限定されてしまうのである。

初期計画では、感性の解放だけが問題であったわけではない。アルジェを世界再建の企ての核にしようというサンジカリズムの戦略がそこに働いている。三三年の一二月に市長ブリュネルに宛てたル・コルビュジエの手紙（『全集』に収録されている）には「世界経済は激動の中で、専断と不祥の集合となり支離滅裂となっています。新しい大きさの統一体が導入されて、いい加減でない、危険を孕まない組織に世界を照合させねばなりません。中でも風前の灯の集合を地中海が結ぶでしょう」と書かれ、パリ、バルセロナ、ローマと共にアルジエが「新しい統一体」の核たるべきことを示唆している。皇帝堡塁《ほうるい》の曲面状のルダン型住居から、パレ・デ・ナシオンがそうであったように水面に向ってつき出たオフィス街に至る高架の自動車道路は、この統一体の軸線でもあった。「新しい統一体」とは地中海・ラテン連合とでも称すべきものである。地域サンジカリズムにとっての一つのオブセッションであった地中海主義は、当時の知識人の多くを惹きつけた。ジード然り、モンテルラン然り、そして三五年にル・コルビュジエに訪問を乞い、その計画を熱烈に賞讃した若いジャーナリスト、即ちアルベール・カミュにおいて然りであった。カミュの「太陽のナショナリズム」が、ル・コルビュジエの感性にもまた合致するイデオロギーであったことは疑いない。カミュとル・コルビュジエが地中海文化をキャンペーンする雑誌『リヴァージュ』（浜辺）で協働する話もあったが実現はしなかった。

社会現実的に見たアルジェ、オビュ計画は、サンジカリズムに共通する非政治的ないし美学的な政治主義の弱みをもっている。つまりそれは植民地におけるヨーロッパとアフリカの二つの文化の橋渡し、融和というイデオロギーの具現であり、「大水道橋」と新統一体の一首都の軸の傍らには、カスバがその詩的風景の故に「きれいにはされるが手つかずのままで」とっておかれる。一部の内地人植民地経営者にとってそれが目ざわりでクリアランスすべきものとしか映じなかったのに比べれば、ル・コルビュジエの発想が異文化への純粋な鑽仰から出たことは疑う余地がない。スノビッシュなヨーロッパ人の異文化への嫌悪に対するル・コルビュジエの軽蔑の念は、「東方旅行」以来のものである。ポピュリスト、ル・コルビュジエ。「大水道橋」に対して、彼は、それを如何なるスタイルによって充塡してもよいものとした。スケッチには「コルビュジエ風」のユニットとムスリム風のアーチのついたユニットが共に並存して示されている。ヨーロッパであれば、それにボーザール風のユニットがとって代ったろうという想像はありそうもないが、ボーザールが許容されず、ムスリムは許容されるという現象は、ル・コルビュジエにおいても、「近代建築」がすぐれてヨーロッパ的なものであったことを示している。それはムスリムのヴァナキュラーには抵抗力をもたないのである。ヨーロッパにおける旧弊《アカデミズム》との仮借ない闘争とアフリカにおけるムスリムの伝統との同化。ル・コルビュジエの詩学は、こうして革命的地域サンジカリズムの思想と隙き間なく合致している。だがこの統一・並存のイデオロギーとは、実際にはヨーロッパ人によってもちこまれた統治と収奪のシステムの恒久化にすぎず、やがてムスリム系の分離主義者たちへの弾圧というイデオロギー的破産へと行きつくし、ル・コルビュジエのプログラムもそれと平行して水泡に帰することになるのだが、それは後の話である。

アルジェにおける文化的二重性は、ル・コルビュジエにとっては自らの血脈におけるそれの確認であった。サンジカリズムという、いわば政治のアマチュアリズムがどのような帰結をもたらしたのかとは別に、つまり彼が結局の所フランス人であってムスリムとの共感が感性的なものでしかなかったことが政治のターミノロジーでいえば「現実の人間」どころか抽象的な理解となってしまったこととは別に、アフリカへの関与は、その共感のレヴェルでいえば、疑い得ない結果を残した。それは救世軍をはじめとするヨーロッパでのモダニズムの作品群の傍らにも、全体への展望を断念しマリヌ街のみに的を絞ったオビュC以降のアルジェ計画にも潜んでいる。つまりオビュAの示唆しているものは近代性と土着性との並存の可能性だが、それはフランス植民地主義とムスリムの調停というような政治言語にのみ翻案される必要はなかった。それは近代的な技術と土着的なそれとの並存可能性とも置きかえ得るのである。

先にこの時期のモダンな作品の系列と述べたものでは、確かに技術的にも進歩したものをル・コルビュジエは用いようとした。救世軍の難民院では、セントロソユーズで果せなかった「精確な呼吸」の概念つまり二重ガラスのカーテン・ウォール＋その間の循環空気というシステムが再び試みられた（またしてもそれは失敗し、ル・コルビュジエは窓を開閉可能なものにとりかえようとする救世軍と押し問答するハメにはなったが）。ジュネーブのイムーブル・クラルテでは、進歩的な建設業者であった施主の協力で、鉄筋コンクリートの杭の上に最新の電気溶接を用いた鉄骨のフレーム構造＋ドライ・ジョイントの標準化されたパネルという構法を用いた。大学都市のスイス学生館でも鉄筋コンクリートのピロティの上部は同じように鉄骨フレームにドライ・ジョイントのパネル（プレキャス

図33　救世軍の難民院（1929-33）

図34　スイス学生館（1930–32）

ト・コンクリート及びガラスのカーテン・ウォール）である。救世軍、クラルテやナンジェセール・エ・コリのアパートでは、先例がないわけではなかったにせよまだ普及して間がないガラス・ブロックを用いてもいる。これらは基本的には透明な光を通すプリズム・ピュール、つまりガラスの箱のヴァリエーションであるといってよい。無論、ガルシュのスタイン邸やポワッシーのサヴォア邸以来、それらは単純なガラスの箱ではなかった。足元や屋上の取り扱い（救世軍やクラルテ――もっとも前者の上二層のペントハウスの形は法規による条件でもあったが）はそれらが、単純な生産の系よりは、唯一性へと帰着する詩学の系にのっていることを示しているし、かつては規範性を示すガイドラインであったはずの構造のグリッドはナンジェセール・エ・コリでは歪められて、壁と複雑な対位法を形づくるに至っている。それは、既に述べたように、厳密な意味ではモダニズムの精神からは逸脱しているが、話法としては、技術としてと同様に、モダニズムのそれの枠内に留ま

図35　エラズリス邸計画（1930）

っている。

しかしこれらと同時期に、ル・コルビュジエは、もっとプリミティブな構法を用いた作品群をデザインしている。チリのエラズリス邸の計画は実現されなかったが、この新しい系の最初のものである。

「この住宅は太平洋岸に建てられた。この土地では十分な熟練労働が得られなかったので、その土地にある要素で、簡単な組み立てでつくることにした。大きな石の塊の壁、木の幹による木構造、土地産の瓦葺き、従って傾斜屋根とした。田舎っぽい材料は、明快な間取りや近代的な造型の束縛にはならない」（『全集』第二巻）。

実現したものとしてはド・マンドロー夫人（CIAMの後援者）の別荘が最初のものである。かつてペサックでは新しいセメント・ガンの技術を用いるためにパリの業者を呼びよせて、地元業者と軋轢を起こしたル・コルビュジエは、エラズリス邸と同様ここでも（もちろん小別荘だからということもあったろうが）地元の業者の施工により、地元産の石をあらわにして積んで用いた。粗石の壁は二九年のルシオール量産住宅のモデルが最初であり、ド・マンドロー邸はそれからの発展であるが、いずれにせよサヴォア邸が完成に至らぬ時期である。無垢なピューリズムの美学と近代的技術の豪奢なヴィラと、プリミティブな構法によるラフな小別荘のコントラスト。しかし、実際には仔細に見れば、変ったのは必ずしも技術とばかりはいえない。何故なら、サヴォア邸の白い純粋な壁面は、コンクリートによって塑形された面ではなく、レンガを積みプラスターを塗って仕上げられたものであり、ド・マンドロー邸も純然たる組積造ではなく、三本の鉄筋コンクリートの柱（ドミノ原則に従って外壁から後退させられた）と同じコンクリートの床によっているという所ではサヴォア邸と変るところがないからだ。住宅ではさほど大胆な新技術を必要としないという事情はあるにせよ、この違いは明らかに技術よりも美学の平面での変化によっている。「技術は抒情の器である」――確かに。しかし、高い技術も、低い技術も同様に、である。そうなると「抒情」の幅さえ広がれば、技術はあえて獲得目標として唱導される必要はなくなってしまうのだが。高い「技術」（この場合は文明と同義語ととることにして）と低い「技術」というパラダイムへの価値評価を、詩人的な直観によって止めること。それはアルジェにおけるヨーロッパとムスリムの等置のイデオロギーと確かに平行的なものである。

二つの規範は、時には一つの作品の中にすら並存する。スイス学生館でのピロティに支えられたガラスの箱と低層部の石積みによる彫塑的な曲面のカーブのコントラストは、もはや、例えばセントロソユーズやサヴォア邸でのグリッドとカーブの弁証法（それはこれと比較すれば同質の言語体系の枠内でのフォルマリスティックなレトリックでしかなかった）とは違ってきている。コルビュジアン・カーブが本来もっていた官能性は、はっきりとした肉体を与えられている。それはほっそりとした近代的ヨーロッパ女性のではなく、ずんぐりとした健康的なカスバの女性たちの肉体と同質のものである。「肉体的な感動。それこそがあなたを心底からはればれとさせるものなのだ」とかつて若いジャンヌレはパルテノンを前にして書いたのではなかったのか？　この時に見出された「機械」としてのパルテノンは、『建築をめざして』で賞揚された。しかし、その時に同時にジャンヌレは「ヴィニョーラの私生児の柱のそれと同日に語」り得ぬパルテノンの円柱の巨大な直径に感動しているのである。この圧倒的な尺度は単なる物量としてではなく肉体として、彼のうちにある詩人を動かしたはずなのである。スイス学生館のピロティは、今やサヴォア邸のそれのように細い優美な柱ではない。初期のスケッチは、低層部も単純な矩形でピロティも細い角柱であったことを示しているが、出来上ったものは太く彫塑的な「足」をもち、低層部も肉感的に曲げられている。アルジェ女のたくましい足に支えられるプリズム・ピュール。同様な混淆はナンジェセール・エ・コリのアパートにも見られる。その最上部、つまりル・コルビュジエ自身の住居にあてられた部分では、かつてモノル住宅で用いた浅いヴォールト（かまぼこ型）天井が再現してくる。「モノル」は東方の白い家（ペレーがカサブランカにつくった建物にもある）の記憶であったから、それは南米やアフリカによって触発された記憶の再現であったといってもよい。更に隣のアパルトマンとの境壁は、この住戸に限り仕上げを施されず、粗石積みの壁としてあらわされている。三五年に彼は、このアパルトマンを「プリミティフ」展の場所に提供している。粗い壁はその絶好の背景を提供した。ル・コルビュジエは今や「機械」よりも「肉体」のうちに住む。もちろんこの両者を等価のものとしようとする彼の形而上学はまだつづけられていくのだが。

三三年に予定されていたモスクワの代りにアテネに向う客船パトリス二号の船上で開かれた第四回ＣＩＡＭで有名なアテネ憲章が採択されるにあたって中心的な役割を果たして以後、終戦に至るまでのほぼ一二年間に亘って、ル・コルビュジエの活動は、モニュメントとして残されたものよりは遥かにドキュメントとして残されたものに偏している。いうまでもなく社会的・経済的状況及び三九年からの大戦によるものであるが、この時期に実現された作品といえば、いずれも三五年につくられた二つの極く小さな住宅と、これも小さな博覧会のためのパビリオン（三七年パリ国際博の「新時代《タン・ヌーボー》」館）を数えるにすぎない（それにリオ・デ・ジャネイロの保健教育省がつくられたが、ル・コルビュジエは基本的なスケッチを画いたにすぎず、実施はルチオ・コスタやオスカー・ニーマイヤーらの委員会が担当した）。オザンファンのアトリエやヴォークルソンの住宅からスタイン邸、サヴォア邸を経てセントロソユーズ、救世軍、スイス学生館に至る時期とほぼ同じ長さにそれがあたることを思えば、大きな断層である。

二つの住宅（ヴォークルソンの週末住宅とマトの家）と「新時代」館は、いずれもプリミティブな構法とローカルな、あるいは安価な材料を用いた、ヴァナキュラーなスタイルへの傾斜を一層はっきりと示している。「輝く都市」の系譜は、相い変らず次々と生み出されつづける（三三年のストックホルムとアントワープ——前者はソヴィエト・パレスが、後者にはムンダネウムが引用されていることが目を引く。この手の自己引用をル・コルビュジエはその後もくり返し用いた）が、現実の条件に合わせて、全体像への執着よりは、むしろ部分的な原理の応用という形になるのは当然の成り行きである。ガラスの箱——プリズム・ピュールのテーマもまた発展される、とりわけスカイスクレーパーの形をとって。アルジェ・オビュは段階を追っていくに従って、スカイスクレーパーのデザインが中心的な役割を果たすようになった。三七年の博覧会のため

図36　マトの家（1935）

にデザインされたそのモデルの一つがカルテジアン・スカイスクレーパーと呼ばれたように、この拡大されたプリズム・ピュールは、ル・コルビュジエにとってはデカルト的精神の結晶であった。しかもそれは、太陽と会話し得る高さにそびえ、また太陽の運行によって組織化される。――三七年のモデルでは、かつての十字平面では北面の空間が出来てしまうことへの反省としてYの字、ないし、ル・コルビュジエ自身の説明では「鶏の脚」型の平面に置きかえられた。オビュCではこの型のヴァリアントがマリヌ街の先端部で、新しい秩序の世界軸と太陽と地中海に相い対している。ル・コルビュジエは、このデカルト主義を、例えばアメリカのスカイスクレーパー（当時ヨーロッパではスカイスクレーパーは未だつくられていなかった）と比べて十分すぎるほど意識していた。「私たちの最初からの提案は、アメリカ風のフォルマリスティックでロマンティックなスカイスクレーパー（ピラミッド型に、頂が尖がる形式）に反していた」（しかし、このコメントではムンダネウムは等閑に付されてしまった！）。ル・コルビュジエは三五年の暮から三六年の春にかけてアメリカにはじめて訪れた。マンハッタン上陸の第一声が「ニューヨークのスカイスクレーパーはまだ低すぎる」であったというエピソードは有名だが、これはいささか出来すぎた話である。彼は、この時の経緯をまとめ、それに訪米前に書かれた若干の論文をつけ加えて『伽藍が白かったとき』と題して三七年に出版したが、そのサブタイトルを「臆病人国紀行」としたことも含め、「大人国《スカイスクレーパー》」に来たガリバーであるはずの自分が「小人国」に来たかのようなこのもののいい方は、明らかに彼一流の負け惜しみのこもった戦術的なレトリックであったと考える方が自然である。スカイスクレーパーが現実の量感の問題としてどのようなものであるのか、骨組のみのエッフェル塔程度しか比べる尺度をもたぬフランス人（因みに彼は三〇年にフランス国籍を取得していた）が、ニューヨークの光景に平静でいられたはずもなく、そのことは『伽藍が白かったとき』の挑発的な文章の端々に窺うことができる。だが物量に屈するわけにはいかない。そこで、「ニューヨークのスカイスクレーパーはまだ低すぎる」。物量には物量をではない。高さのことをしかいっていないこのテーゼは、実際にはル・コルビュジエの精神主義――この場合殆んどヨーロッパ主義と同一のものとしての――の表明であって、スカイスクレーパー（及びそれによって形成される都市）は、高いのみならず、デカルト的な精神（エスプリ・ヌーボー）によって主導されているのでなくてはならない。

「スカイスクレーパーは、下から上まで正確に垂直とし、途中で切ることもセットバックもしない――哀れむべきロマンティックな建築法規によって無意味なものと化したニューヨークのスカイスクレーパーとは反対である」（『伽藍が白かったとき』）。

『輝く都市』の中で、ル・コルビュジエは問う。「デカルトはアメリカ的か？」。答えは当然、否である。ニューヨークでは「スカイスクレーパーはアナーキーである。スカイスクレーパーは都市を石化している」。ル・コルビュジエはアメリカのスカイスクレーパーに屈伏するわけにはいかない。何故なら、それはアメリカの社会と文化に脱帽することになるからだ。ヨーロッパの新秩序が、アメリカにせよソヴィエトにせよ、それら大国の粗野な物質主義を超えようとしている時に――「この一〇年間に、ニューヨークは空に伸び、モスクワはスカイスクレーパーを『資本主義的』であるといって告発した。問題の事物の帰化権の喪失である」。しかし、イオファンのソヴィエト・パレスはエンパイヤー・ステート・ビルの高さをしのぐことを目的とし、その上に載せられるレーニン像も自由の女神をライヴァルとしたのではなかったか？――それはあり得ないことだ。だから、「ニューヨークのスカイスクレーパーはまだ低すぎる」といいきってしまうことは至上命題であった。このアメリカ体験記のタイトルともされ、冒頭に掲載された一文「中世伽藍が白かったとき」は、訪米前に『プレリュード』に発表されたものである。ル・コルビュジエはゴシックの伽藍の形態は一貫して好まなかったから、この一文は中世の美学とは余り関わりをもたない。むしろ問題は精神であり、共同体である。「我々の仕事は、秩序あり上下乱れず、階層の別あるあらゆる人々の参加、そして人工の原理によって非自然化されない参加を求めている」「伽藍が白かったとき、協力は完全であった」。この序説でル・コルビュジエはかつて『建築をめざして』で宣言したことを繰り返す。「偉大な時代が始まった。新しい時代が」。

この訪米の前年には、ル・コルビュジエはローマを訪れている。彼がムッソリーニに接近したことに関しては、彼の政治的無頓着という程度で片づけられるのがこれまでの通例である（他の多くの芸術家の場合と同様な「世間知らずの天才」という神話的特権）。結局、ローマ市長へのアピールをも含めて、この接近は殆んど何も実りをもたらさずに終ったから、そして、最後期のムッソリーニは政治的と同様、文化的にも全くの反動であったから、それで問題は確かに大過ない。しかし三〇年ころからのル・コルビュジエのサンジカリズムへの浅からぬコミットは、この接近をただの日和見主義《オポチュニズム》として片づけることを許さない。先に述べたように、サンジカリズムは少なくとも左翼に対してと同じ位にはファシズムと共通点をもっていたからである。イタリア・ファシズムは殆んどサンジカリズムの落とし子ですらあった。ル・コルビュジエが非政治的な芸術家であるという命題が正しいとしたら、それは政治が下す芸術の方向性に対する指針を上意下達のものとしては受けとめない、つまり自らの芸術的信条に照らし合せてイデオロギー的判断を下したという意味においてでしかない。これは政治主義ではないが、さりとて非政治主義と同じものでもない。少なくとも三〇年代の半ばにおいて、アメリカの資本主義（「アメリカには新しい無意識の奴隷状態が支払うべき致命的浪費が存する」）やソヴィエト社会主義（「もはやUSSRはないのだ。何の教義、何の神秘も、他の何ものも！」）よりも、ファシズム――「新秩序」への希求はまたムッソリーニにも共有されていた――がより可能性のあるイデオロギーとル・コルビュジエの目に映じたとしても不思議ではない。『伽藍が白かったとき』が要求したのは若い社会である。アメリカはそうした意味で――社会体制とは別に――可能性はまだある。しかしそれにも増してファシズムは、サンジカリズム同様に、若いイデオロギーであった。ル・コルビュジエにとっての問題点はそれが如何なる芸術を、建築を振興するかという点にあった。それは、前述したように、非政治主義とはいえない。それが、アカデミーを支持する限り、そのイデオロギーは真に新しい秩序の創造を担うことはできないという確信は、社会と芸術を一つの平面上につなごうとする建築家にとっては当然のものである。三三年には、ル・コルビュジエはムッソリーニ体制に対して必ずしもとりわけ同情的であったわけではない。彼は『プレリュード』誌で、ムッソリーニ・モダーン、つまり古代様式とアカデミズムとモダニズムとの折衷を「ローマがローマを模倣する。馬鹿げた余剰」と書いた。しかしその翌年の訪伊の時期には、情勢はモダニストにも利ありと彼は判断した。

「イタリアは感受性に恵まれた若い建築家の一群を擁しており、その芸術は太陽の美しい法則を一身に引き受けている」(『四つの交通路』)。

イタリアの若いモダニストたちは、とくに北部においてはファシズムの革命的な部分に共鳴した事業家たち(オリベッティ社のアヴァンギャルド好みは今日までつづいている)と結んで、「合理主義」戦線を結成していた。ドイツ、ソヴィエト＝ロシア、そしてフランスなど、新建築の先進国がこの時期はっきりとした退潮を余儀なくされていたのに比して、イタリアは重要な作品を産み出す態勢にあった。「グルッポ7《セッテ》」を中核とするイタリア合理主義者たちに共通するのは、生産主義、機能主義への無関心(パガーノなどの例外はあるにせよ)であり、その裏返しとしての形而上学的な新しい秩序のためのスタイル――未来派の喧騒のそれとは対照的な――への、つまり新しい古典主義（の精神）への希求である。この古典精神の根幹たるべきものは地中海性であり（ファシズム特有のナショナリズム――血脈の確認）、従って彼らが範としたのがドイツやロシアのアヴァンギャルドでなく、ル・コルビュジエであったことは当然の理である。そこにはモダニズムにおける両義性がくっきりとあらわれている。そしてこの両義性は、ファシズムという、これも――少なくともこの当時にあっては――両義的なイデオロギーと対峙することによって二重のものとなった。

パトロネジということでいえば、ファシズムと近代建築との関係は、原則的にはどちらでもあり得たのである。結果としては、ドイツでも日本でも、最終的にはイタリアでも、そしてヴィシー政権（純然たるファシスト政権とはいえぬが）下のフランスでも、モダニズムは体制の寵を得るのに失敗したし、ナチス・ドイツにおけるように全面的な抑圧とも呼び得る状況すらあったわけだから、その二つはソリが合わなかったことになるが、その関係は結果が一様だったほどには単純ではない。ファシズムは、それが一定の革命性志向を有していた限りにおいてはモダニズムと共通の基盤を有していたし、その後期において露わにされる反動性がナショナリズム＋ポピュリズムという形をとるに至った限りにおいては、アヴァンギャルドと相い容れぬものであった。通例の関心は後者に集中しているが、それは、むしろ問題の核心を曖昧にしてしまっている。少なくともル・コルビュジエの訪伊当時、近代的な国家体制に古代ローマの栄光を二重写しすることを夢見ていたムッソリーニは、ローマを博物館都市として伝統の中に埋没させる気はなかったし、愛人でもあった女流評論家マルゲリータ・サルファティの意見の影響もあって、モダニズムには充分好意的であった。ル・コルビュジエもまたグルッポ7を代表とする彼の追従者に好意以上の共感をもっていたことは間違いない。「ローマやミラノで、青年たちは傑出した勇気を奮って、世界的規模に及ぶ現代建築を創出して、さっそうとその姿を現わした。ラテン諸国民は、他国が抽象に陥っているところに肉体を付与した」。最後の部分は、まさにル・コルビュジエのこの時期の位置を自ら正確に語っている。彼はアルベルト・サルトリスの『機能主義建築の要素』（三二年）への序文の中で「〈建築〉ということばは、合理的や機能的であるということ以上の何か魔術的な意味を含んでいる」と書いたが、その「魔術」とは、例えばジュゼッペ・テラーニが、かつてムンダネウム計画に関してタイゲがル・コルビュジエを批判した黄金比に基づく配置の手法をより徹底的に用いて「神曲」を空間に翻案したダンテウムの計画――それは間接的にムッソリーニの新しい「神聖ローマ帝国」をセレブレートするものでもあった――のように謎めいたフォルマリズムの迷路にも行きつき得るものであった。そこでテラーニが引き合いに出したアッシリアのサルゴン王の宮殿は、奇しくもリシツキーがムンダネウム批判の傍証として引いたものでもあったが、テラーニにとってはファシズムとは「原初の時代に太陽の神話が生まれたように、近代という時代の精神に合致したものとして生まれた」のである。ここではモダニズムは例えばリシツキーやタイゲの構想からすると、完全に逆転している。

社会主義者として出発したムッソリーニがその思想を反転させてファシズムへ行きついたことと無縁とはいい得ぬ反転である。「ここ数年間、二八年から今日に至るまでの間に、社会的芸術という誘い水は、建築家たちや論客たちを最近の高説に見られるような地中海性へと導き、新精神の最も逆説的な敵対者たちと理論的には軌を一にせざるを得なくしている」と書いたペルシコのような鋭敏な批評家は、稀な例外であり、彼は「ル・コルビュジエのポレミックをのりこえつつも、ル・コルビュジエの建築に言及することこそ批評にとって焦眉の急である。それから何故、近代建築はジュネーブではボルシェヴィキ、パリの『ユマニテ』誌上ではファシスト、モスクワではプチ・ブルジョアなのかということも解明されなければならぬ」と問い得たのだが、ル・コルビュジエ自身は同じ問いを自らの立場の正当化のための両義的なレトリックとしてしか用いなかった。

スタイルや美学だけが問題であるわけではない。ル・コルビュジエのもつ「計画」のイデオロギーへの熱狂もまた、国家社会主義としてのファシズムと通いあう部分が少なからずあった。二〇年代のドイツのアヴァンギャルドたちの関心が、多くの場合、せいぜい都市の街区、ジードルンクまでであったのに比べて、ル・コルビュジエの関心は都市全体の「権威《オーソリティ》」による再組織に及んでいたわけだが、三〇年代に入ると、この関心は、国土全体のそれに拡大化される。例えば、都市のサーキュレーションへの関心は、『四つの交通路』(陸路、鉄路、水路、空路)では、国土的な交通ネットワークに敷衍されている。それは、ファシズムにも共有される関心であった。

「ヒトラーは勤労青年団を動員し、東部から西部に至る、高速交通のための最も見事といい得る素晴しい自動車専用道路《アウトバーン》を完成させたばかりである。既にムッソリーニは、モデナートリエステ間の高速道路によって先駆けていた」（『四つの交通路』）。

こうした計画のイデオロギーへの信仰は、ル・コルビュジエにとっては、ソヴィエトでの第一次五ヵ年計画のもとでのアヴァンギャルドたちの実験に触発された部分が、少なからずあったはずである（ここでも社会主義の「計画」のイデオロギーは国家社会主義に踏襲される）。「輝く都市」のモデルが「モスクワへの応答」から生まれたという事実は、単なるきっかけだけだったわけではない。『三つの人間機構』（四五年）としてまとめられた「農業経営単位」、「線状工業単位」、「放射環状交易都市」のうち前二者は明らかにソヴィエトに範例が見られるものである（集団農場及びミリューチンの線状都市理論、そのスターリングラード、マグニトゴルスク等の工業都市への応用）。ル・コルビュジエの農村への主題の移行は、農民出身で、ル・コルビュジエと同じくサンジカリスト行動委の中央委員であり、CIAMやCIAMのフランス支部メンバーをル・コルビュジエが糾合して組織したASCORALのメンバーにもなったノルベール・ベザールの求めによるものであった。今や「輝く都市」に対して「輝く農村」が、サンジカリズムと並立するコーポラティズムに基づいて形成される。「フランスの田園は痛み、死につつある。コルビュジエよ、あなたは我々に『輝く

図37　「輝く農村」の家のインテリア（1935）

農村』、『輝く農場』をつくってくれねばならない」（ベザール）。「都市は、都市計画家を自らにすべて引きつけておくわけにはいかない。田園もまた彼を求めている。田園はもう一つの明日の都市である」（ル・コルビュジエ）。高速道路網がそれらの「輝く都市」と「輝く農村」を結ぶ。「田園は都市と同じように悦ばしくなくてはいけない」。そこに住む農民のイメージは、いうまでもなく「聖なる蛮人」のそれである。もちろん近代技術の恩恵は受けて、しかし決して贅沢ではなく、あり合せの材料を用いて（何といっても戦時経済下なのだから）、プリミティブなフォルムで。ロシア・アヴァンギャルドの「反都市主義」のシェマに（しかし都市は捨てることなく）接近したル・コルビュジエは、それに地中海のイメージをつけ加える。同じヴォールト屋根（モノル以来のテーマ）がフランスの田園（サルトの組合村やオービュソンの「緑の工場」）でも、北アフリカ（シェルシェルの農園）でも反復される。

小規模な建物群から成る組合村とは対照的に、三六年から三七年にかけては、一〇万人を収容する大スタジアムの計画がなされる。たった一本の巨大な支柱から吊される大屋根をもった民衆祭典のための大アンフィシアター（戸外の円形劇場）。サンジカリズムの「参加」のイデオロギーに古代の祭礼の記憶が重ねられる。この三六年には人民戦線が選挙に勝利し、選挙制による改革の可能性に背を向けていたサンジカリズムは袋小路に陥って、左右への分裂状態となり、『プレリュード』も廃刊を余儀なくされる。一〇万人のスタジアムは、いわばその補償行為としての夢想でもある。フェルナン・レジェやポール・ヴェイラン＝クーチュリエのような左翼の友人からル・コルビュジエは人民戦線への加入を勧められる。ヴェイラン＝クーチュリエはヴィルジュイフの市長として、共産主義のパリへの橋頭堡ともなるべきカール・マルクス学校を三三年に、アンドレ・リュルサのデザインによってつくった人物である。このころフランスにおいて（ペレーは別として）ル・コルビュジエに対抗し得る殆んど唯一の近代建築家であったリュルサは、また熱心なコミュニストであり、マルト・スタムやハンネス・マイヤーのようにル・コルビュジエの政治的オポチュニズムを批判していたが、そのリュルサもソヴィエトに渡って活動しているうちに、社会主義リアリズムの様式主義へと傾斜していく。ル・コルビュジエの肯じ得ない方向であった。ヴェイラン＝クーチュリエが彼に宛てた、自分は永年の『ユマニテ』（彼はその初代編集長であった）のル・

コルビュジエ批判に同調するものではないという書簡に、「私から見ると、人民戦線にとっては唯一の道しかありません。つまり社会主義の地の上に何か新しいことが始まっていることを示すしか」と答える。「文化の家」での討論にレジェ、アラゴンらと共に参加。キュービズムを堕落《デカダン》した芸術であるという社会主義リアリズム（それは何ら新しいはじまりを指し示すものではなかった）の批判を斥けた時、少なくとも一つの選択は——不条理ではあっても——なされた。

四〇年の敗戦とヴィシー政府の成立は、永年の協力者ピエール・ジャンヌレやシャルロット・ペリアンをレジスタンスに向わせたが、他の多くの知識人にとってと同様、ル・コルビュジエにとっては、それはむしろ新秩序建設のための機会であった。ペタン元帥は旧式の保守主義者にすぎなかったとしても、彼が「権威」に望んだ人格高潔のイメージには欠けていなかったからである。ル・コルビュジエはペレーと共にこのヴィシー政府の荒廃地再建委員会のメンバーに任命される。四一年には「住宅、建設に関わる問題の研究委員会」のメンバーにもなる。サンジカリズムの同志フランソワ・ド・ピエルフーも一緒であった。この前後に多くの著書がものされる。『パリの運命』、『四つの交通路』、『アテネ憲章』、『三つの人間機構』、『人間の家』（テクストはピエルフー）など。そして四二年、ＡＳＣＯＲＡＬ創設。サンジカリズムと、組織化の神話と「権威」と「輝く都市」の夢想。

しかし、ル・コルビュジエが最もヴィシー政府に期待をかけたものはアルジェ計画の実現

図38　アルジェ、オビュE計画（1939）

である。アルジェの最後の計画はオビュとは名づけられなかった。「プラン・ディレクトゥール」と名づけられたそれでは、オビュB以降中心の命題であったマリヌ街——ヨーロッパとムスリムの融合の上に立つ「新秩序」にとって象徴的な場所——のスカイスクレーパーは、ついにヨーロッパ街区の中へと移設される。そのスカイスクレーパーの形はオビュE（三九年）以後、もはや平滑なプリズム・ピュールではない。セントロソユーズや救世軍での「精確な呼吸」の不首尾に、ル・コルビュジエは三三年頃から、プリズム・ピュールの前面に彫塑的な日除けをつけるデザインをはじめる。ムスリムのロッジアの翻案でもあるそれは、太陽を砕くもの、ブリーズ・ソレイユと呼ばれた。三九年以来のアルジェのスカイスクレーパーでは、ブリーズ・

ソレイユは、黄金比の戯れる光と影のアラベスクとなる。それは秘教的な太陽の歌を風景と交歓する一つのトーテムである。しかしプラン・ディレクトゥールでのヨーロッパ人街に追いやられたトーテムは、もはや「統合」の神話が、「計画」の平面を逸して「詩学」のレヴェルでしか成就しなかったことを最終的に証している。しかも、この背水の陣も四二年六月には市会によって正式に拒否される。かつてエドモン・ブリュアの筆によってオビュAのキャンペーンを張った『北アフリカ事業』紙にル・コルビュジエの旧敵ゼンガーの中傷記事が出る。ブリュネルに代った新しい保守派の市長は「ボルシェヴィズムのトロイの木馬」即ちル・コルビュジエの逮捕を命じた（とコルブ自身は証言している）。ヴィシーでも、旧式の保守主義者や官僚は彼やピエルフーとの協働を拒んだ。またしてもル・コルビュジエにとって道は断たれた（が、結果としてはかえって戦後への道をスムーズに開いた）。彼はパリに戻り、絵画と理論的作業（モデュロール）に専念する。束の間の沈黙。そして八月の解放。

第五章　「直角の詩」

内在的な詩
内在的な幸福
見るための眼
触れるための手
これが独学者の告白です。

（ル・コルビュジエ『モデュロールII』収録の書簡）

天よ、開け。
風よ、凪げ。
神の不死なる円周よ、我が詩に耳を傾けよ。

（『ヘルメス文書』隠された歌、第四詩）

戦後のル・コルビュジエについてはあまりに有名である。それまでの一〇年を超える事実上の空白期を埋め合せるように、五つのユニテ・ダビタシオン（マルセイユ、ナント、ベルリン、ブリエ＝アン＝フォレ、フィルミニー）、ロンシャン、チャンディガール、ラ・トゥーレットその他の傑作群が矢つぎ早に産み出されていった。三〇年にもル・コルビュジエは巨匠だったが、ヨーロッパ・アヴァンギャルドのリーダーとして、であった。グロピウス、ミース、メンデルゾーン、タウト、アウト、マイヤー、リュルサ、ヴェスニン兄弟、ギンズブルグらの名がその傍らにあった。五〇年以降のル・コルビュジエは全く独自の存在である。個人として、比類のない巨匠であり、モダニズムとは遥かにずれた地点にあった。既に述べてきたように、それは三〇年代に決定的に見出された道であり、更に以前にすら辿り得る道であった。だが人々は、相い変らず、ル・コルビュジエに近代建築の闘士を見ていた。少なくともロンシャンの全く彫刻的なマッスがたち上るまでは、そうであった。ここではじめてル・コルビュジエが白い住宅の時代のル・コルビュジエでないことに気づいたとは、何とも迂闊な話であったという他はないが、粗いプリミティブな材料の使用は、戦時下という経済的な制約と不離不即の関係にあったから、この転身がどれほど自発的なものであったかそれ以前には見極めがつき難かったことは了解し得る。だが実際には、ル・コルビュジエは太陽に触発されて転向したのである。もちろんこれは、単なるレトリカルなもののいい方に過ぎない。しかし、例えば少なくともアテネ憲章以降、近代都市計画のクリシェとなった太陽と本家本元のル・コルビュジエのそれとは似て非なるものである。一方にあるのは規範だが、他方にあるのは詩を司るものなのだ。ル・コルビュジエにおいては、規範と詩とは共存するものなのだが、それは自動的に生ずる結びつきではない。だがここで、このような問題をたててみることは可能である。規範と詩が共存するとしたら、つまり「規範と詩」でありʺ規範から詩へʺではないのならば、それは転向とはいい得ないのではないか、と。——実際、ル・コルビュジエの言説はエスプリ・ヌーボーの時代から戦後ブルータリズム（荒々しい野獣主義）と呼ばれる時代まで、大略においては、不思議なほど変っていない。答えは、二者択一ではあり得ない。それはどちらとでも、つまり、転向とも非転向とも呼び得るのである。

ヴィシーで書かれた『人間の家』には、巻末に不思議なスケッチが掲載されている。「全集」では第四巻の「ユルバニズム」（二五年の本とは関係ない）の項に再録されているこのスケッチは半分が太陽、半分がメドゥーサになっている顔である（二一〇頁参照）。ピエルフーがそれに付けたテクストは「合理的なものを超えること」と題され、それが「二つの世界の相反する真理」を示すものであると説明され、「すべてを理性的に考えることは、世界を凍りつかせる」と締め括られている。つまり合理主義には太陽とメドゥーサの両面があるという訓戒として読める。しかし、「全集」で付されたテクストは違っている。「現代の災厄か、空間の完全な自由か？」。そこではメドゥーサは当然前者で、太陽は「輝く都市」である。合理主義を疑わせるものは何ものもない。ヴィシー時代のサンジカリスト（労働組合主義者）的レトリックから戦後の民主主義的レトリックへの巧妙な置きかえと解すべきだろうか？　序章でも触れたように、チャールズ・ジェンクスは太陽を理性、つまりアポロ的なもの、メドゥーサを世俗的な官能性、つまりディオニソス的なもの（ル・コルビュジエの若年のころのニーチェへの傾倒を想起せよ）と見、ル・コルビュジエにおける悲劇的な二面性の葛藤の象徴であるとした。それは、既に述べたように、ジェンクスのアルジェ＝「完全な転向」という説に従うなら、それを境にして、アポロ（エスプリ・ヌーボー）からメドゥーサ（ブルータリズム）への転向が行われたということになる。よくできた説明ではあるが、ル・コルビュジエ自身による「全集」での解題とは全く違ってしまっている。それに、いささか牽強付会をいうならば、アルジェでの「転向」を決定づけた「太陽」が理性の象徴だというのも面白くない。ル・コルビュジエ自身の説明を、彼の家族のアルビ派的伝統での善悪二元論と結びつけようとすれば（ケネス・フランプトン等）、「太陽」の両義性は等閑に付されてしまう。殆んどロジックの戯れ、もてあそびにもなりそうな解題だが、実際、ル・コルビュジエはもっと謎めいたものを残している。四七年から五三年にかけて「旅行のたびに、飛行機の中で、あるいはホテルの部屋での孤独な時間に、描いたり、書いたり、版にした」（『モデュロールII』）ものを集めて出版した『直角の詩』である。最近発表されたリチャード・ムーアによる研究論文では、この奇妙なイコンとアフォリズムによる作品集とそれに関連する幾つかの作品群のイコノグラフィー、とりわけそのヘルメティズム（ギリシア的神秘主義）との関連性の解明がなされている。それは、これまで恣意的かつ個人的な詩的造型と

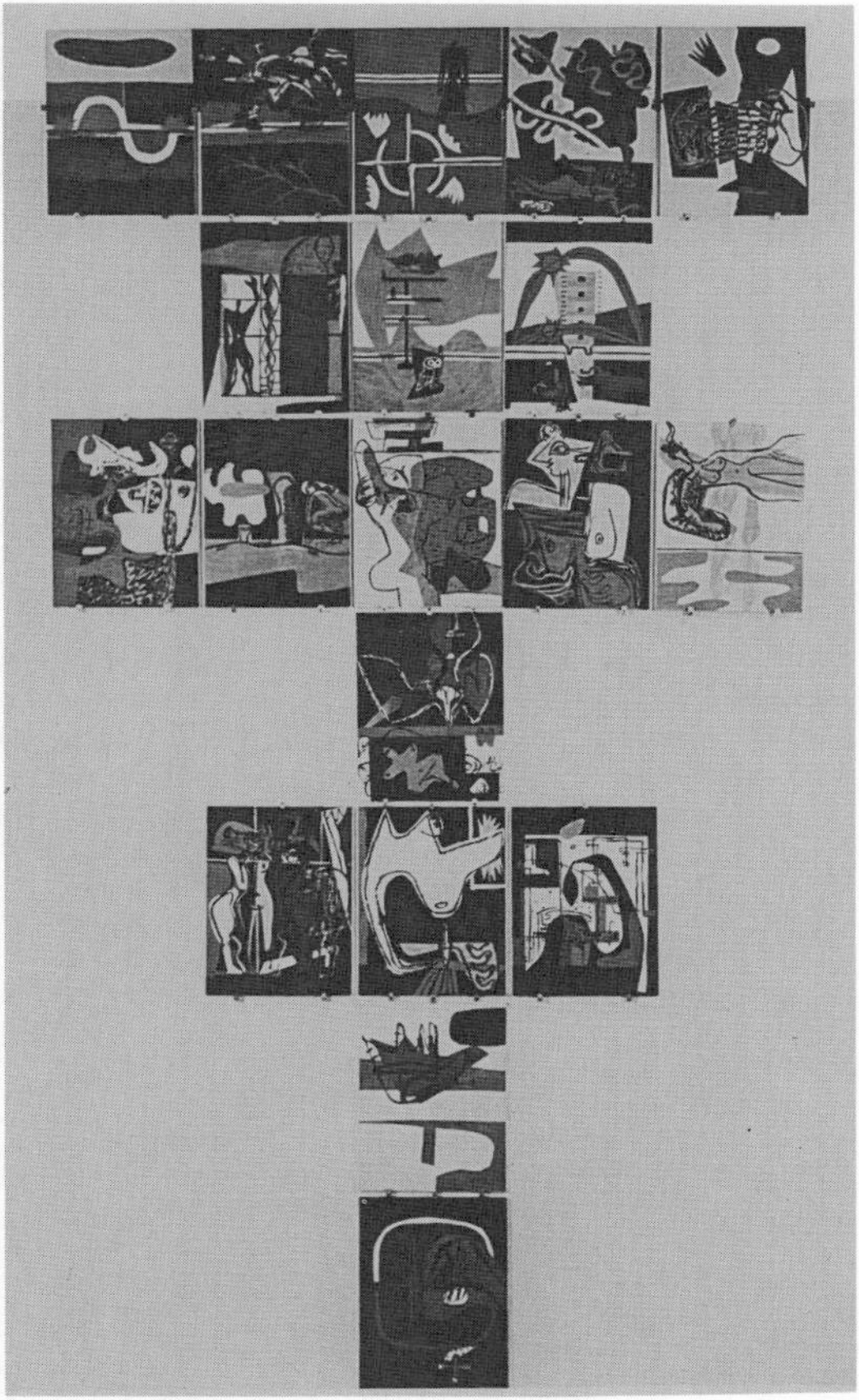

図39　「直角の詩」(1947–53)

のみ見られていたものに、すべて寓意的な体系性が潜まされていたことを明らかにしたという点で、従来のル・コルビュジエ像を百八十度転倒しかねないものであったが、そのイコンの意味より以前に「直角の詩」で興味深いのは、そこにあらわれるイコンのどれをとっても「直角」を連想させるものが一つの例外を除いて殆ど何もないという事実である。例外とは、文字通り「直角」と名づけられた部分で、ここには右手がチョークで直角を画いている様がスケッチされている。「チョークで直角を辿る。記号。それは反応とガイドである。事実。反応。選択」。その他には「環境」と名づけられた五つのスケッチのうちの三番めのものでは円の四分割線が直交して画かれているが、それはむしろ錬金術の四分割（東西南北、春夏秋冬に対応した）である。魔法の数である七つのゾーン（環境、精神、肉体、融合、性格、手、直角と各々題された）に配された他のスケッチは、様々の秘教的なシンボル、例えばカプリコーン（一角獣）やミノタウロスである。これらはコルブの一種記号化された自伝であり、例えば「環境」の四番めはかつての「彎曲の法則」のスケッチである。単純な状態から複雑化、次いで解き難い錯綜、そして元の直線への回帰というプロセスとここで説明されたものは、今では水平に戻ろうとする至高の力、宇宙力へのアリュージョンに昂進されている。「精神」の二は、モデュロールの二つの系列を示す二重螺旋とその黄金比を与えられた人物像が示され、「肉体」の五のカプリコーンは四八年のスイス学生館の大壁画の主要モチーフの一つであると共に、五〇年の『アルジェの詩』の表紙では、アルジェの地形に重ね合せられている。カプリコーンの頭部はマリヌ街を形どり、人間の女性と同じその豊かな体はアルジェの山の起伏に重ねられ、オビュAの曲線（カプリコーンの羽）と女体との連想の正しさを証し立てている。「手」はヴェイラン＝クーチュリエの死の際にデザインされたモニュメントに最初あらわれ、チャンディガールの「開かれた手」に結実するモチーフである（『アルジェの詩』、スイス学生館の壁画でもカプリコーンの右肩をつつみこむ巨大な左手があらわれる）。「性格」の三はスイス学生館の中心を占める月の女神であり、クレタ神話では彼女は太陽の牛と交わってミノタウロスを生む。ミノタウロスは永遠の再生（春）のシンボルであり、また日と月の子という点ではヘルメスにも等しい。そしてヘルメスの使いの鳥とは鴉、つまりコルボーである。鴉は錬金術では物質から精神への変換の象徴でもある。ムーアの指摘していないことでいえば、ミノタウロスの住む迷宮は、ル・コルビュジエの螺旋形平面の博物館のシェマを思わせる。そして螺旋はまたル・コルビュジエがスケッチしている正方形の黄金比の組み合せの中心のみを辿っていく所に形づくられる跡でもあり、それが直線状に展開されるとモデュロールのシリーズの螺旋となり、それはまたヘル

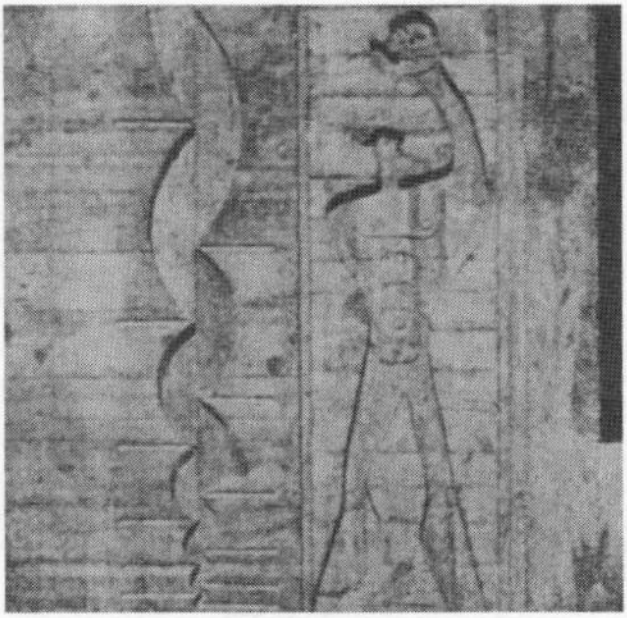
図40　モデュロール・マン（マルセイユのユニテ）（1952）

メスの杖に絡む二匹の蛇とも見える。また正方形の黄金比の組み合せの図の書かれた石のスケッチもあり、その上には石が人の頭となっている様が示されている。この賢者の石はル・コルビュジエの自画像でもあり、またヘルメスにも等しい。スイス学生館の壁画以外にもその後のいくつかの絵画作品や建築に反映されるこれらのイメージは、その寓意の豊かさにおいて、ピカソの「ゲルニカ」のみに比肩する。アンソニー・ブラントによるゲルニカの分析は、ピカソがそれ以前の様々な自作にあらわれる様々の寓意的なシンボル——その中にはミノタウロスも含まれる——が、三七年の悲劇を悼む記念碑的な大作に集約されていく過程を明らかにしている。ル・コルビュジエがピカソから多くのものを受けとっていることは疑いないし、彼の壁画への関心は、まさに「ゲルニカ」に触発されたものであったから、そのシンボリックなイコンのいくつかが共通していたとしても驚くにはあたらない。しかしピカソのそれは、同じく宗教的な伝統に関わっていたとしても、ル・コルビュジエのそれほどに体系化されたものではない。

「絵の意味については、ピカソは中心的なシンボルにかんするわずかな材料を提供しているだけである。あるインタヴューでかれは馬は人民を表わし、牡牛は蛮行と暗黒とを表わすと語った。さらに牡牛がファシズムを表わしているかどうかと問われた時、これを肯定することを避けはじめの言葉を繰り返した。ピカソのシンボルが決して固定したものではないということの例証として重要である。それらは決してきちんと分類できるものではなく、思考が進むにつれて発展してゆくのである」（A・ブラント『ピカソ〈ゲルニカ〉の誕生』荒井信一訳）。

ル・コルビュジエはその寓意に関して何も言及していないが、ムーアの水際立った分析を前にしては、それらのイコンがただ詩人の直観のみで選択されたのだという安易な得心は成立し得ない。それらは初期のオブジェ・ティプがそうであったように、詩的に昂進されたイデオロギー（といって差し障りがあれば体系化された世界観）なのである。およそ機械の美学や合理主義とは縁の遠いイコン群に「直角の詩」と題したとすれば、それはル・コルビュジエにとっての「直角」とは、通例のような（そして実際に自身も三〇年代前半まではそうであったような）前者にのみ直結するものではなかったし、それをつなぐイデオロギーが別にあったと了解する他はない。「精神」の二にあらわれるモデュロールの系列と人物像にしてもそうである。この人物像が「聖なる蛮人」のそれであることは疑いがないが、それは肉感的な――つまりバウハウスのシュレンマーらの衣装に見られるような幾何学に還元された姿ではない――逞ましい肉体をもちつつ、その体は黄金比の法則、「ものにほほえみを与える比例」に従っている。「開かれた手」にしても恣意的な筆の勢いのみによって生み出されているわけではなく、黄金比によって各部の主要寸法は押えられているのである。実証的な法則性というよりも、昂進された法則性の詩学だが、それはピタゴラス以来のヘルメティズムに大なり小なり認められるものである。そうして見れば三〇年前後の白い住宅における

「機械」に住む「聖なる蛮人」やその身体的外延としてのオブジェ・ティプは、ヘルメティズムの体系に司られた官能的でブルータルな「機械」にそのまま吸収もされ得るのである。そしてこうしたイクストラポレーション（論理の飛躍）は『建築をめざして』でパルテノンとドゥラージュを共に同一平面上に置いた時から予想され得るものであったはずであり、それならば、「ドゥラージュ」（「住居機械」）からパルテノン（太陽の下での「石の言語」）への転身は、必ずしも一義的に転向とは呼び得ないものなのだ。

「なぜ、またどうしてそうなったか。それは比例のよさをもどかしげに求め、建築とは比例のよさと直観し、そして数学的な契機に触れると、光と空間は輝き伸びひろがるということからです。私は貴殿のいわれたように、空間を測り作る者であり、詩人（但し髪の長くない）なのです」（『モデュロールII』）。

同じようなことばを生涯綴りつづけるだけの理由をル・コルビュジエはもっていたと解しないわけにはいかない。

終戦後のル・コルビュジエの仕事は、こうして、ある意味では戦前からの連続であり、また他の意味では断絶であった。つまり、すぐに取りかかった仕事、サン・ディエとラ・ロシエル＝パリスの都市計画は「輝く都市」の、ニューヨークの国連本部の設計はジュネーブのパレ・デ・ナシオンやモスクワのソヴィエト・パレスの、各々継続ではあったが、そのままの連続ではない（同じだったのはトラブルである）。二つの都市計画では、かつてのそれがもっていたルダン型住居や中庭型住居が姿を消して、スラブ状の自立した住居単位、つまりユニテ・ダビタシオンが主力になっている。緑の中にたつスラブ状の住棟というパターンは、戦後の住宅団地の最もありふれたパターンとなったから、ル・コルビュジエのこの転換もまたそのようなリアリスティックな方向を目指したものと確かにとれなくはない。しかし「三〇〇万人……」や「輝く都市」の全体としての都市のイメージよりも、部分への解答としてのそれが先行していることは疑いないとしても、この転換には、それだけでは看過され得ぬ問題を含んでいる。つまりユニテが、それ自体、自足した共同体＝小都市であり、緑の平面の中に屹立するモニュメントとなっているという事実である。ユニテの実現は戦後のル・コルビュジエにとってのオブセッションであった。彼の実現し得たのは五棟、それも互いに独立的なそれにすぎなかったが、ユニテを反復的に全土に配置していくという考え方は、ユニテ自身の自足的コミュニティとしての性質を考え合せる時、すぐれて地域サンジカリズムのイデオロギーに接近しているし、またソヴィエト・アヴァンギャルド（巨大な共同住宅《ドム・コムーナ》を核とする「都市派」の理論）やフーリエ主義（ファランステール）に近い。ユニテは、従って反復可能な単位であるが、にも拘らず、同時に一回性（ベンヤミン流にアウラといいかえてもよい）を強く帯びたモニュメントであり、その意味でサヴォア邸と選ぶ所はない。しかも、かつてブエノス・アイレスのために構想されたサヴォア邸を反復並列するという計画は、サヴォア邸がまとう一回性の強さの故に不条理というしかない計画であった

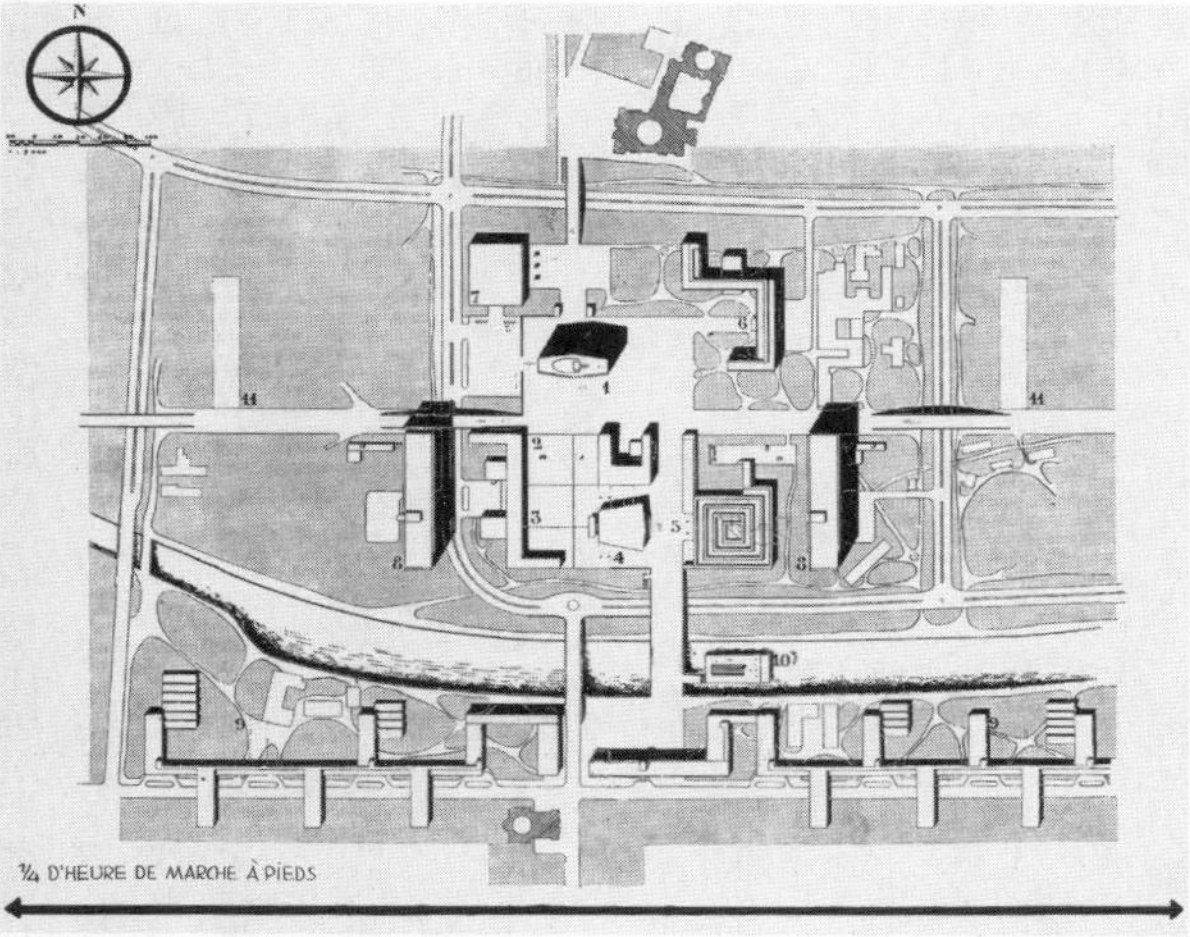

図41　サン・ディエ計画（1945）

が、ユニテではモニュメント性と反復可能性は過不足なく共存している。

モニュメントという点では、サン・ディエでは、はっきりと特異な分節を施された都市の核、つまり公共建築群によって形成される広場がデザインされていることが新機軸であり、古代ギリシアのアゴラへの参照性を明らかにしながら、チャンディガールのキャピトルを予告している。その中心をなす管理センターのビルはより控えめな高さにされているとしても間違いなく、アルジェの末期に登場したブリーズ・ソレイユのアラベスクをもったトーテムとしてのスカイスクレーパーである。つ

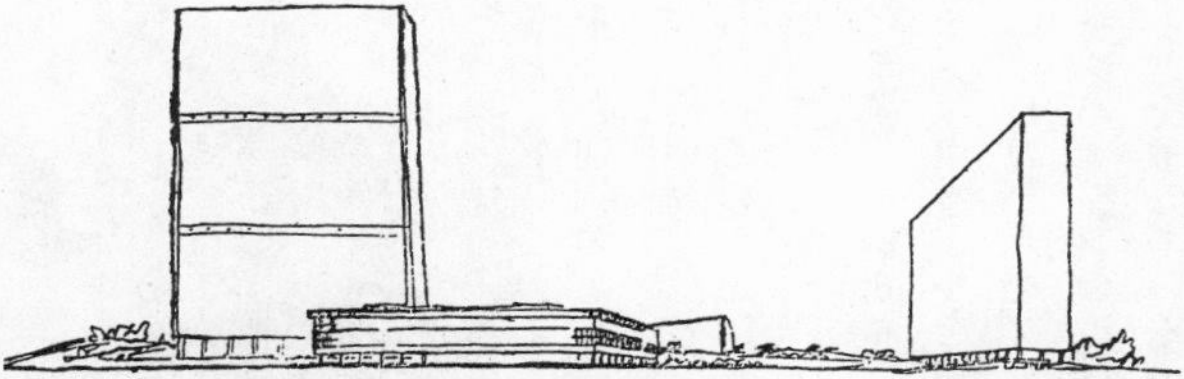
図42　UNビル計画（1947）

まり、それはアテネやアルジェの記憶の下に、太陽と会話を交わすモニュメントなのだ。
サン・ディエの計画は紙上に終った。原因は、例によって「右から左までの」総反対である。国連本部をめぐるスキャンダルもまた、かつてのパレ・デ・ナシオンのそれに劣らず、ル・コルビュジエは、ウォーレス・ハリソンによる実現案を自案を基にしただけでなく――それはル・コルビュジエの入っていた委員会の原案をハリソンが実施計画に移したという経緯として事実であったが――彼のスケッチブックの紛失をタテに、デザインを剽窃されたと非難したことまで同じだが、その経緯及び当否は「世界の中心」のデザインへの彼の執着の大きさと、その企図がことごとく水泡に帰したという悲劇的な事実ほどに関心を惹くものではない。「全集」には、著名なレンダラー、ヒュー・フェリスによる鳥瞰図に「〈輝く都市〉がマンハッタンにはじめて姿をあらわした」というテクストが付せられている。背景に描かれているのは殆んど段状ピラミッドの頂部をもつ、いわゆるアール・デコ・スタイルのスカイスクレーパー群である。つまり、このテクストは

図43　SOM（ゴードン・バンシャフト）レヴァー・ハウス(1952)

新しいヨーロッパ合理主義（輝く都市）がロマンティックなマンハッタンのスカイラインに対して挑みかかろうとしているともとれる。デカルト対アメリカ。だが、ル・コルビュジエはハリソンが、その高層棟（UNビル）にブリーズ・ソレイユをつけず、ガラスのカーテン・ウォールを用いたことに非を鳴らした。つまり、彼が望んだのは実際に出来上った建物のように、三〇年代前半までなら彼自身が「精確な呼吸」によって造型したであろう平滑なプリズム・ピュールではなく、アルジェのそれのような彫りの深いトーテムであった。このことは、UNビルの完成（五三年）以前にゴードン・バンシャフトのデザインによってパーク・アヴェニューに姿をあらわしたレヴァー・ハウス以来、ニューヨークのスカイラインを刷新した新しい「近代的」なスカイスクレーパーが、殆んどガラスの平滑なカーテン・ウォールを用いていたことを考え合せると意味深長である。つまり、ル・コルビュジエがUNビルをブリーズ・ソレイユをもつ太陽のトーテムとして完成したとしても、それはマンハッタンの近代化のプロトタイプとも、その最も究極的な例ともならなかったであろうことを示しているからである。ル・コルビュジエとアメリカ・モダニズムとの間の決定的な亀裂。あるいはモダニズムのアメリカへの移植に際しての変質への暗示――パーク・アヴェニューはその後レヴァー・ハウスを中心にしてガラスのカーテン・ウォールによるマンハッタンでも特異な街並を形成した。その一画につくられたアメリカのモダン・スカイスクレーパーを究極的に最も完成した例、つまり、これもブロンズとグレーペン・ガラスのカーテン・ウォールを身にまとったシーグラム・ビル（五八年）は、かつてのヨーロッパ・アヴァンギャルドの一方のリーダーであったミース・ファン・デル・ローエによっているが、ミースの優雅で完璧な箱は、アルジェにおけるル・コルビュジエの異様なトーテム（UNビルに対しては詳細な立面のスケッチまでは残されていない）と比べると、完全にモダニズムのドグマにのっているのだが、同時に、かつての、（ミース自身を含めた）ヨーロッパ・アヴァンギャルドのイデオロギーとは完全に無縁な存在になってしまっている。やや遅れて、同じパーク・アヴェニューのつきあたりに、三人目のヨーロッパ・アヴァンギャルド、つまりワルター・グロピウスのPANAMビルがつくられた。それは明らかにアルジェのスカイスクレーパーのコピーともいえる平面形をしているのだが、最も目立つロケーションを得ながらも、ル・コルビュジエの異端的なトーテムとは似て非なる力の欠けた平板な塔であり、一方ミースの洗練にも遥かに遠い。しかしそれでも、ル・コルビュジエのアルジェのスカイスクレーパーを同じコンテクストに置き換えた場合の異様を想像すれば、よりよくアメリカ・モダニズムには呼応しているといい得る。三つのトーテムと三つの「モダニズム」の形態。

図44　マルセイユのユニテ・ダビタシオン（1947–52）

　この差異はレヴァー・ハウスを同じ年に完成したマルセイユのユニテ・ダビタシオンと並べて見れば歴然と了解し得る。レヴァー・ハウスの軽快で平滑・透明なガラス面に覆われた単純な六面体に比べて、ル・コルビュジエがはじめて実現したユニテは、荒々しいむき出しのコンクリートが、ブリーズ・ソレイユによって濃い隈取りを与えられた、優雅というよりはむしろ殆んど武骨なマッスを形づくっている。確かにテーマとしてのそれはイムーブル・ヴィラの系譜に属しているし、彫刻的なペントハウスの扱いとピロティで全体をもち上げる手法によって船の隠喩を与えていることもサヴォア邸など二〇年代の「住居機械」と等しいが、その船は近代的な技術の粋をつくした装備をした「ドゥラージュ」や「タイプライター」の延長としての大洋航海船ではもはやなく、むしろ準えるとしたら太古のノアの箱船の伝説の方が相応しい。コンクリートにせよ、後年のルイス・カーンやペイの精巧な打ち放しと違って、荒いというよりもむしろ猛々しくすらある。ピロティはスイス学生館のそれよりも一層逞しく大地を踏みすえている。それは近代的なテクノロジー（規格化された部材、新しい設備、能率的な構法）はとり入れているのだが、テクノロジーのイメージとしてはむしろプリミティブなそれであり、例えば、実際にはコンクリートではなく前近代的にレンガを積んだ壁を白くプラスターで仕上げたにすぎぬサヴォア邸が最先端の機械のイメージを提供していたことと対照的である。そしてかつて若きジャンヌレがパルテノンをそう呼んだように、「この驚くべき〈機械〉はひとり海に向かい、四時間の歩行、船で一時間で至る範囲に、その立方体の支配を行きわたらせている」。「直角の詩」は当時としては群を抜いて精巧なレヴァー・ハウスの矩形よりは、躯体にモデュロール・マンの「入れ墨」を施されたユニテの方にある。

図45　ユニテ・ダビタシオンの屋上

ユニテの最も特徴的な部分、つまりそれを真にモニュメンタルにしている部分は、屋上庭園である。ここは、最も船の隠喩を強く──殆ど隠喩というより直喩という方が相応しい──備えているが、同時に、またそれはアクロポリスとしての祭儀性と、アゴラとしての公共領域への志向とを備え、更にオリンピアとしての肉体の文化の中心（三〇〇メートル走路をもっている）でもあり、また彫刻的な形を与えられた様々のエレメントは同時にパラペット（防水のための立ち上がり。胸壁）を超えて周囲に見える山々と地中海の風景と呼応しつつ、独自な隠喩的光景をつくり出している。この屋上庭園の部分の写真を掲載した「全集」の一ページには、『建築をめざして』の例の一節「建築とは光の下に集められたヴォリュームの壮麗、正確かつ巧緻な戯れである」が引用されている。プロヴァンサル流のプラトニズムはここまで確実に生き抜いているばかりか、実際に地中海の強烈な日射しの下に「集められ」ている。そして簡易的なアンフィシアターでもある屋上集会所で営まれるイヴェントには、太古の太陽神への鑽仰の儀式が重なりあう。

ユニテ・ダビタシオンの中廊下は、近代的住戸のそれとしては異常に暗く、光を欠いている。建築のマッスに光を通すことを主題としつづけてきたル・コルビュジエはここではむしろ闇を封じこめようとしているかのようである。それはカタコンベの闇であり、おそらくエマの修道院の記憶にも触発されているが、四八年に彼は実際のカタコンベの計画を行う。マルセイユからやや離れた、かつてマグダラのマリアがパレスチナから移り住んだといわれる

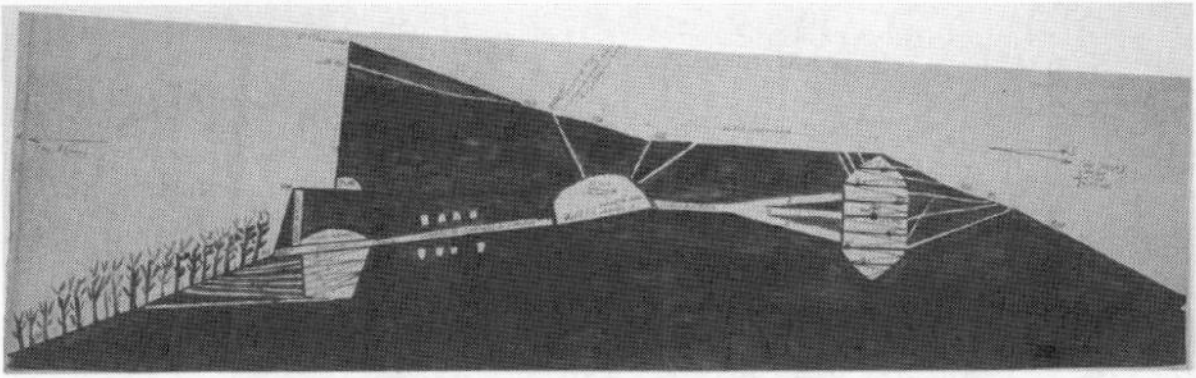

図46　サント＝ボーム計画（1948）

ドミニク派の聖地、サント＝ボームの山腹をくり抜いた教会堂の計画である。「岩壁の下に、この見事な風景の中に、建築の、瞑想の、集会の場の、そこに存在する精神的価値を十分に味わえるようにする計画」。ル・コルビュジエの実現されずに終った多くの計画の施主たちと同様に風変りな理想家であったらしいマルセイユの測量士エドワール・トルアンのためのこのスケッチでは、主題は岩の中に封じこめられた闇であり、岩をくり抜いてつくられる、細い空気抜きを兼ねた竪穴から落とされるかすかな光である。「全集」では四〇年も前にジャンヌレが画いたティヴォリのハドリアヌス帝のヴィラの明りとりのスケッチが添付されている。サント＝ボームの計画は、この地下のバシリカ（列柱式長堂）の他に山腹から海辺に至るまでの道沿いの劇場、博物館、公園、ホテル、恒久住居から成り立っている。それはある意味では、小規模ながらシテ・モンディアル（ムンダネウム）の再現である。世界博物館の謎めいた迷路を内包するピラミッドが、ここでは地下のカタコンベへと変容する。一方、恒久住居群は、モノル以来の浅いヴォールトをもつ細長いユニットの繰り返しであり、ル・コルビュジエにとっては、もっとも地中海の風景に相応しい形態であった。

シテ・モンディアルでのタイゲとの論争で、ピラミッドという時代にそぐわぬ主題の選択を咎めた詩人が「必要性がプログラムを課する。つまり工場、鉄道駅であり、教会や宮殿ではないのだ。社会的・経済的必要性に支配されていないものは建築となり得ない」と述べたのに対して、建築家は「私もそれ以外のことを信じたり書いたりしたことはない」と答え、「昨年私は、非常に大きな教会をたてるという申し出を、最も近代的な方法の採用を保証されたにも拘らず、辞退したのだ」と請け合っている。「私は鉄筋コンクリートはカトリック礼拝の真の表現とはなり得ぬと感じたのだ」(『建築を擁護する』)。しかし、今や、サント＝ボームの計画は「最も近代的な方法」とは無縁の、古代人と変らぬやり方で、典礼の場をしつらえる。ムンダネウムのピラミッドはポール・オトレによってサクラリウムと呼ばれた。タイゲにそのようなものが近代科学の都市の核となり得るのかと問われたル・コルビュジエは、この名称は実際不都合であると認めたのだったが、サント＝ボームは文字通りのサクラリウムである。しかし実際にはユニテの屋上もまた太陽に捧げられた異教的なサクラリウムだったのであり、サント＝ボームでは光と闇が交代したにすぎない。だから、次に実際のカトリックの礼拝堂が、トルアンのような私人ではなく、教会の依頼によってつくられるに至ったとしても不思議ではない。

ヴォージュ山脈の支脈に連なるロンシャンの「高貴な地《オー・リュー》」につくられた礼拝堂は、その特

図47　ロンシャンの礼拝堂（1950–55）

異な形態の故にル・コルビュジエの最もポピュラーな作品であると同時に、殆んど表現主義的とすら見えるその曲面の多用の故に合理主義からの突然の転向と多くの人々の目に映じた作品でもあるが、既に述べたように、この転向は決して唐突でもなければ、ある意味では転向ですらない。「鉄筋コンクリートはカトリック礼拝の真の表現とはなり得ぬ」とかつて感じた建築家は、ここではそれをためらいもなく行っている（正確にいうと構造的でない部分の壁はレンガを積んでいるのだが）。しかしもはや問題になっているのは「カトリックの礼拝」と建築言語の関わりではないのだ。それは二つの意味においてである。ル・コルビュジエはむしろオーソドックスな礼拝の場を用意したが、それは彼自身のサンクチュアリーの理念に合致し得る限りにおいて、つまり建築家のセレブレートする方式が、たまたま信者・巡礼者のセレブレーションの行為と一致するという限りにおいてであったということ、第二には、この点からすれば逆説的ながら、カトリックの典礼が既にもっと日常的な社会的現実との関わりを志向しだした時に、かつては教会の非今日性の故にそれを時代の主題から除外した建築家のモニュメンタルなサクラリウムの方が「時代錯誤的」（コルティン・パーディ）になっていたことによって。

いずれにしてもロンシャンはカトリック教会の範例とは別のものに従っている。この敷地自体が、キリスト教以前の太陽神信仰の場であった。地元住民の一人はル・コルビュジエにその事実を告げながら「あなたの礼拝堂は、間もなく、ロンシャンの古代の太陽の体系の一部となるでしょう」と書いている。そしてル・コルビュジエは礼拝堂の東側に小規模ながらムンダネウムと同様の段状のピラミッドをつくった。それは戦没者の慰霊のためのモニュメントであるが、同時に太古の生贄への記憶をも背負っている。

礼拝堂の特異な形は、しかし、実際にはプリミティブなテントを模したものである。ル・コルビュジエが度々自著に引用し、かつ「新時代」館などに援用した天幕が、ここではコンクリートという全く異質な構造によって恒久化されている。セレブレートされた原始人の小屋のモチーフ。だが、ロンシャンにこめられた意味はそれに留まらない。前述のムーアは、ここでも様々なヘルメティックなイコノグラフィーを分析している。つまり、極めて特徴的な形をした鐘楼と見えるタワーは、実際には明らかにハドリアヌスのヴィラから由来した光井戸なのだが、それは音が光の形に至高化される錬金術的変換として考え得るし、各々異った四つの立面は四季に対応し（錬金術の四分円）、南面の急速にせり上がった軒の鋭角は冬の星座を司るカプリコーンの角であるという（この南面には様々の色ガラスが嵌められ、内に僅かな光と影の協奏を与えているが、それをル・コルビュジエは「星座の壁」と呼んでいる）。また、西面にある雨の落とし口は月の女神とも牛の角とも、また耳のモチーフ（平衡を司る「水」を内包した器官）とも読めるし、その下の水盤にある二つの小ピラミッドは父の牛と子のミノタウロスを、円錘は母の月の女神を示すとも読める。このような解釈を認めるか否かはともかくとして（否定するには、他の作品との関連性の上からも、あまりにも符合する所が多すぎるが）、ロンシャンが太陽とそこからは見えるはずもない地中海に捧げられたサクラリウムであることは疑いがない。ロンシャンの造型原理をル・コルビュジエは「視覚の音響効果」と呼んだが、実際礼拝堂の中は、微妙な光と色の共鳴箱であり、そのかすかな反響が空間に充満し合っている。「光と影と、影の中の光との交響曲」。そしてそれはまた光の描く波紋のように充満した水、つまり海のイメージに帰着する。ル・コルビュジエは窓ガラスの一つに「海《ラ・メール》」と書き、その上に自らの分身、つまり鴉《コルボー》を描いた。それらは建築家と彼の帰属するものを指し示す署名である。それによって、この特異な空間はカトリックとは別の規範にも奉じられるものになった。海の上を飛ぶ鳥、つまりイカルスはミノタウロスとその迷宮の記憶を背負いながら、太陽に向って飛ぶのである。

第六章「開かれた手」

私はあほうな驢馬だが目がある。頑固な驢馬の目だが、感覚の能力があるのだ。私は比例の直観をもった驢馬だ。……

……一九五一年の末、チャンディガールで、インド式の根源的な喜びに触れる。宇宙と生物の友好関係、星、自然、聖なる動物、小鳥、猿と牛、そして村内で子供ら、大人たち、老人たちの活発な姿、池とマンゴの木、すべてが存在し、微笑んでいる。貧しいが釣合いがとれている。

（ル・コルビュジエの最後のテクスト『思考ほど伝えられぬものはない』）

一九五八年、マンハッタンのパーク・アヴェニューにはミース・ファン・デル・ローエのブロンズのシーグラム・ビルが完成した。完璧にコントロールされたデザインと技術による、高価なモニュメントである。それは、全くヒロイックなジェスチャーを排し、沈黙を保っていながらも、やはりモニュメントなのであった。そしてそれは、建築史家のマンフレッド・タフーリのことばを借りるなら、『『自らの死によって存在している』オブジェ』でもあ

図48　ルードヴィッヒ・ミース・ファン・デル・ローエ：シーグラム・ビル（1957–58）

った。同じ年に、インドのパンジャブ州の新首都、ヒマラヤ山脈を望むチャンディガールでは、総合庁舎が竣工した。深いブリーズ・ソレイユをもつそれは、横に寝た――ヒマラヤのように、そして聖なる牛のように――トーテムである（実際、最初の案では、ル・コルビュジエは、契約書の条項を無視して、アルジェのようなスカイスクレーパーとしてそれをデザインしていた）。

チャンディガールは、ル・コルビュジエが生涯願っていた機会の実現である。それは二つの目的によって建設された。一つはパキスタンの独立（四七年）によって、旧首都を含むパンジャブ州の西半分がパキスタンに併合され、そこからの難民の受け皿を含め、新首都が必要であったことであり、もう一つは、ガンジーの農本主義とは違って、近代化の導入によって先進諸国に伍することのみが、独立を保障すると考えたネールにとって、それが新しい国家意識のモニュメントを創出するチャンスと映ったということである。「新しい都市となるように、インドの自由の象徴となり、過去の伝統をのりこえて、国家の未来の信念を表現するものとなるように」（パンデット・ネール、「全集」に引用されていることば）。ナショナル・プロジェクトとして推進されたチャンディガール造営は、当初、アルバート・マイヤーの全体プラン、マシュー・ノヴィッキのデザインによって作業が進行していた。状勢が一変したのはノヴィッキの五〇年夏の航空事故死によってである。マイヤーも報酬の問題で当局とトラブルを起こすと、インド政府は、ヨーロッパに人を派遣し、その後も長くこのプロジェクトに関わったマックスウェル・フライとジェーン・ドルーを通して、話はル・コルビュジエの所にもちこまれた。ル・コルビュジエは報酬と時間の点で難色を示したとも、また逆に仕事をとるためにかなり強引な横車を押したともいわれるが、それはここでの関心ではない。チャンディガールは、かつてアルジェに近代ヨーロッパとアフリカ（ムスリム）の融合の上に立つ世界の新しい拠点を夢想した建築家にとってみれば、アフリカをアジアに置きかえただけで、望んでもない機会だったはずである。長く現代のコルベール（註：ルイ14世王制を支えた財務総監、ジャン＝バティスト・コルベール）を待望したル・コルビュジエはそれをネールに見出したというわけだ。チャンディガールに対する新しいマスター・プランは、本質的にはマイヤーのそれに対する幾つかの変更（七段階に分類された道路体系の導入、それをマイヤーのカーブ・グリッドでなく直交にしたこと、近隣ユニットの規模の変更など）を施したものである。そしてこのマスター・プランに拠って、ル・コルビュジエは、少なからぬ建物のデザインを行った。中心をなすものは、チャンディガールにおけるアクロポリス（丘）でありアゴラ（広場）でもあるキャピトルで、これは議事堂、総合庁舎、高等

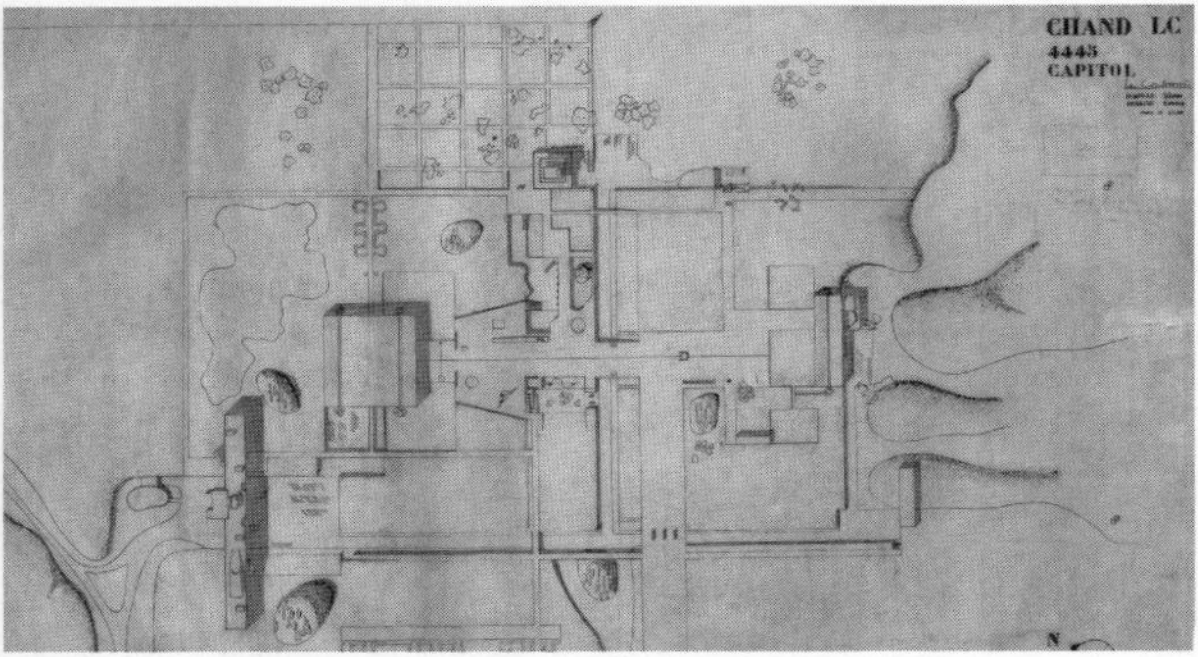

図49　チャンディガール、キャピトル計画（1952）

法院、総督公邸、「開かれた手」のモニュメント、「蔭の塔」と「考察の谷」、殉教者のモニュメントから成り立つものとして構想され、最初の三つの建物がル・コルビュジエの生前に実現された。その他にも彼は人工湖の畔の小規模なクラブ、そして美術館と美術学校をつくった。総督公邸——それは民主主義の理念を統合する人物の住戸としてはあまりに巨大な「宮殿」であり、ル・コルビュジエ自身、デザインの過程で、プロポーションはそのままで縮小した。——が、総督自身の拒否によって不調となり、他の用途に転用しようというアイデアも断念を余儀なくされると、彼は、同じ場所に「知の博物館」——ムンダネウムのそれの後身としての——をデザインしたがこれも実現されることはなかった。

チャンディガールのキャピトルは、少なくともル・コルビュジエによって本来構想された姿とし

図50　チャンディガール、高等法院（1951–56）

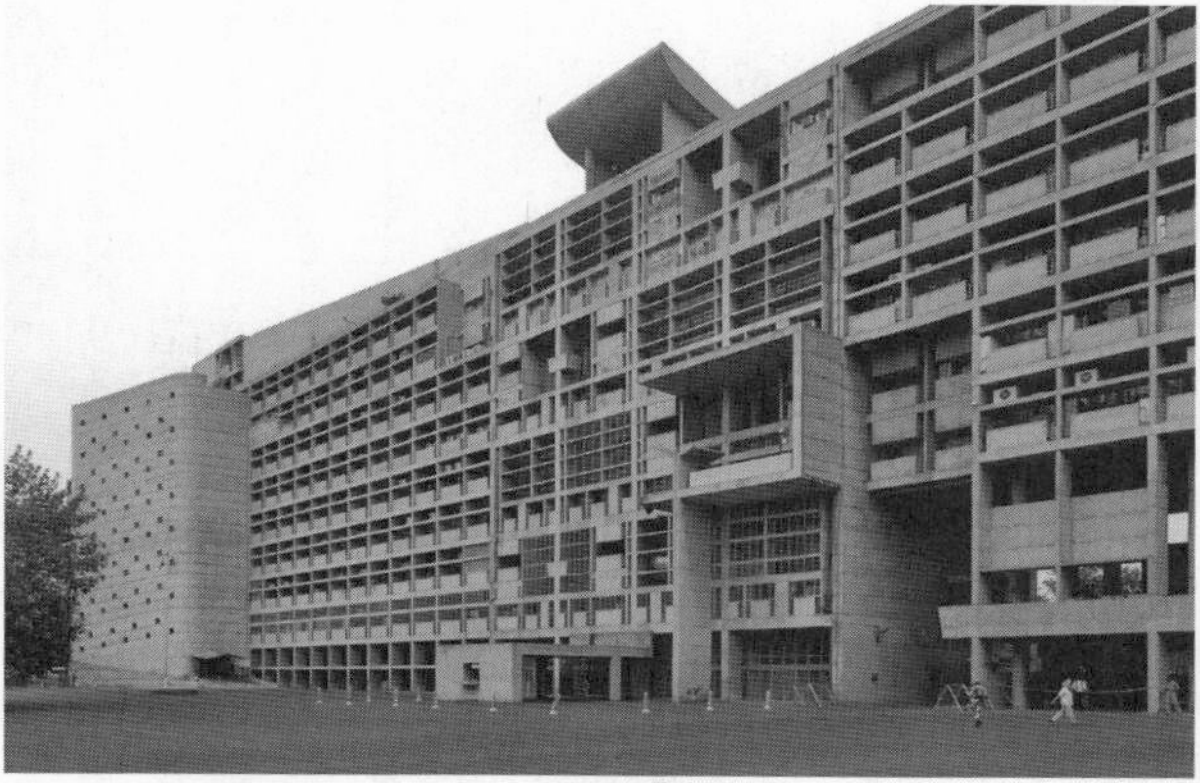

図51　チャンディガール、総合庁舎（1951–58）

てのそれは、近代都市計画の生み出した如何なる都市空間とも似ていない。サン・ディエからＣＩＡＭ８でのテーマ「都市の核」を経て、都心部にアクロポリスやアゴラの現代的再現をもちこもうとする企ては、その後の流行になったし、それは創造的な造型力をもった建築家の介在なしにでも公的都市計画のクリシェとなったのだが、その始祖の一人であったことは間違いないル・コルビュジエ自身のチャンディガールは、それらと比べてひどく異質である。それがインドの新しいデモクラシーに捧げられなかったとはいわないが、しかしそれ以上に超歴史的な儀式性に供されているのである。チャンディガールに西欧による第三世界への干渉の一形態を――アルジェでのそれのように――見ることは不可能ではないだろうが、ル・コルビュジエはこういったに違いない。太陽は古代にも近代にも、ヨーロッパにもインドにも変ることなくその光の詩を注ぎつづけているのだ、と。だから太陽の都は何時、何処であっても神話的な都市であり得るのだ、と。いわゆるピューリズムの時代に、このような異教的な信念が表に出てきていなかったことは確かだが、しかし考えて見れば、いくつかの斜路の結ぶ複層的な台地と神話的な巨大なオブジェによって形づくられるキャピトルの儀式的な空間は、サヴォア邸の屋上庭園の極度に拡大された姿だと見れなくもない。ヒマラヤを望む広大なインドの原野の中に、コスミックなトーテムとして、あるいは神々に捧げられた静物として展開される変型され巨大化された「住居機械」。実際、神々といえば、ル・コルビュジエのヘルメティズムとヒンドゥー教のイコノグラフィーとは少なからず重なり合う。

図52　チャンディガール、議事堂
(1951–62)

前者にとってそれまで親しかった牛や三日月（の女神）はヒンドゥーではシバの女神のシンボルである。ル・コルビュジエは「聖なる牛」のスケッチをインドでいくつも残しているが、牛（ミノタウロスであろうとヘルメスまたはシバのシンボルであろうと）のイメージはキャピトルの至る所に見ることができる。議事堂の正面の反転されたヴォールト（浅い筒状の）屋根は明らかに牛の角であり（ポルティコ〈列柱を持つ空間〉のベイはヘルメティックな数、つまり七だが、その板状の柱にあけられた穴は石の頭——賢者の石——の形である。一種の署名としてそれは残されている）、そのモチーフは、議場の壁面をそのまま立ち上げた特異な屋根面にも引きつがれている。アルミでできたこの屋根（スケッチでは太陽が画きこまれている）は登れるようになっており、簡易的な演壇のようなものがしつらえられている。「大自然と直結した屋根にのぼれること」が意図されている。「この蓋はまさに物理実験室のような装置として、自然採光の調節、人工光、換気、そして一方電子音響機構をかねる」。即ち、進歩したテクノロジーへの依然として変らぬ信仰。「更にこの蓋は太陽の祭りをも受けもち、もう一度人々が太陽の子であることをさとらせるのである」。悠久の太古からの儀式性への信仰。それらがここでは両立する。それは全体が、（おそらく）太陽神に捧げられたキャピトルのうちでも、最も直接的な交感の行われるべき聖なる祭壇である。それがフォン・モースらの指摘するようなジャイプールの巨大な日時計を中心とする古代の天文台に似ているという事実は（モースはル・コルビュジエはそれを知らなかったのではないかと示唆してはいるが）、偶然の暗合を超えている。議事堂正面のポルティコの牛の角は、総合庁舎のペントハウスの一部や、ブリーズ・ソレイユの特異な変形としても反復されているし、それはまた三日月とも、牛と女神との子（ヘルメスでもミノタウロスでもあり得る）の上（親）を向いた口をも象徴している。また、それは、実現されずに終った総督公邸の屋根にも見られる。総督公邸は、ある意味では四半世紀前のサヴォア邸の変形とも見られ得るデザインを施されており、その限りにおいて、船の隠喩が既に与えられているといってもよいのだが、屋上庭園の反った四阿《あずまや》は、牛の角であると同時にエジプト神話のラー（太陽神）の聖なる船のイメージをも喚起する。それは議事堂の屋根蓋と同じく秘儀のための祭壇である。先に述べた通りこの建物の代りとして計画された「知の博物館」においても、屋上にはやはり太陽神の来迎を促すようなデザインがなされている。このキャピトルにおける祭儀性への執着は、実際、殆んど常軌を逸している。ル・コルビュジエにおいて、太陽への渇きは、生命への渇きそのものと同義語であり、それなしには建物は死んだ沈黙の墓碑になってしまうというかのように。ミースのシーグラムとの懸隔は殆んど無限にまで拡大する。

総督公邸（「知の博物館」）の東南側に、ル・コルビュジエは他より一段掘り下げた「考察

図53　チャンディガール、総督公邸（1951）

図54　チャンディガール、「考察の谷」と「開かれた手」（1952–55）

の谷」を計画した。それは「公けの問題を論じる場」、つまりアゴラの変形である。ここには「開かれた手」のモニュメントがつくられることになっていた。例の石の頭の形の開口があけられた土台の上に載せられた天上を指し示しつつ、開かれた手。それは木造の台の上を曲げた鉄板で蔽《おお》ってつくられ、垂直軸にボール・ベアリングが備えられて、回転される。「それは思想の不安定を示すためではなく、ただ象徴的に風の方向を示すのだ」。万物の流転を司る手。「手」のモチーフが最初にあらわれたのは、前述したように、三七年にデザインされたヴェイラン＝クーチュリエ（註：仏共産党創設者の一人）の慰霊モニュメントにおいてである（絵画には三二年の「赤い手」があるが、そこには「開かれた手」のシンボリズムと関わりのありそうなものは見あたらない）。ここでは「手」は上にではなく前方に向けて何かをたぐりよせるように差し開かれていた。それはその下につくられる弁者（クーチュリエ自身？）の開かれた口と同様に何ものかを声高に求めている。

「フランスが、常々その創造的人間的な精神によって育んできた革命的現象は、ここにヴェイラン＝クーチュリエを讃えることを口実として表現されてもよい。この口実は、彼を越えて思想となって然るべきものだ。そして思想から今日の機械文明社会をくつがえす大転換へ云々と」（『全集』第四巻）。

一五年後に「機械文明社会」ならぬインドの地に再現された時、それは前にではなく仏陀の手のように天を指し示した。コミュニストの叫びはもっと遥かに一般化され、たぐりよせ

図55　ヴェイラン＝クーチュリエのモニュメント（1937）

るというよりは、追わず拒まずといった風に開かれている。「即ち、それは大空に向って挙げられた白い立方体であり、空にシルエットを描いてそびえるアクロポリスであり、モデュロールの人間が挙げた腕であり――そして人間の最も高貴な創造物である建築を太陽に捧げるアトラスの像なのである」（ピーター・ブレイク）。「開かれた手」がル・コルビユジエにとって究極的な意味をもったシンボルであったことは疑いがないが、それは必ずしも西欧文明社会や機械主義への別離の表徴ではない。ル・コルビュジエは、ここでも三〇年代と変ることなく科学の進歩を、情報コミュニケーションの、あるいは交通手段の急速な展開を、エネルギー革命を語る。「この豊富さは時代の表徴と見える。受けとるための、与えるための開かれた手とはこのような勝利の象徴的な物質化である」。彼がインドに見たものは、欧米のように誤った初期機械主義に毒されず、それ故にあらゆる可能性をもった地平、それでいながら、「最も高く、最も古い文明を生き、知性と倫理と意識をもった」国である。「《開かれた手》ははじまるべき機械主義文明の第二の時期、調和の時代を主張する」。だから一見自由なスケッチによって形づくられたかに見える「開かれた手」の中には直角が、立方体が透かし見える。その直角とは水平線と垂直線とのヘルメティックな「調和」である。「調和を求める人間は聖なるものへの感覚をもっている」。ル・コルビュジエは三〇年を経て、なおインターナショナリストである。「開かれた手」は政治的なものの彼岸にある。パレ・デ・ナシオンに始まってムンダネウム（シテ・モンディアル）、ソヴィエト・パレス、アルジェ、国際連合、ユネスコと世界の首都の造営にかくも執念を燃やしつづけてきたル・コルビュジエを非政治的であったということはできない。だが同時に、かくも多くの異った体制の象徴に次々と関わろうとしてきた人間を、すぐれて政治的であったというわけにもいかない。例えばミース・ファン・デル・ローエは、このような仕事のどの一つにも関与しようとはしなかった。酒造会社（シーグラム）の本社ビルと新生インドの首都のキャピトルとでは、デザインやスタイル以前に同質の建築的モニュメントとなり得ぬことは明白である。そしてこの選択は単に施主の側からの偶然のそれとしてだけで片づけるわけにもいかない。戦前にはミースも政治的な意味をもつ仕事をしている。惨殺されたスパルタクス団のリーダー、カール・リープクネヒトとローザ・ルクセンブルクのための慰霊モニュメントであるが、このデザインの機会がミースにとって「徹頭徹尾アクシデント」であり、ミース自身の政治信条や共感とは無縁のものであったことはよく知られている。それは政治的というより、単なる一つの抽象的プログラムに奉仕したオブジェにすぎない。ル・コルビュジエのヴェイラン＝クーチュリエの慰霊モニュメントは、作者がコミュニストでなかったという事実とは別に、明らかに政治的なイヴェントに呼応し、触発されてつくられたものであり、プログラムとの関わりは、ミースの場合のように「アクシデント」ではあり得ない。それが、ピカソの「ゲルニカ」に近いことは前述したが、ピカソが共産党に入党したのに対して、ル・コルビュジエがそれを断わったというような事実はむしろ二義的でしかない。「ゲルニカ」や「開かれた手」の政治的限界を衝くことは、当然困難なことではあるまい。しかしそれが古典的なマルクス主義の「図像禁止」の公式に行きあたるか、政治と芸術の関わりの不条理性の表徴へと赴かせるしかないこともまた明らかである。ピカソやル・コルビュジエが示した、最後の人文主義のモニュメントのもつ事実としての力は、誰も否定することはできない。

チャンディガールでル・コルビュジエのアシスタントをつとめたジェーン・ドルーは「彼は自分の中に多くの僧侶をもっていた」と書いている。もちろん、この「僧侶」が、実際の

図56　ラ・トゥーレットの僧院（1952–56）

宗教とは別の地平の住民であったことは政治の場合と変りがない。彼は同時に合理主義建築家であり、政治家であり、宗教家であり、またそのいずれでもなかった。チャンディガールでそうであったことは、ラ・トゥーレットの僧院でもあてはまる。それは僧侶ル・コルビュジエによる非宗教的な僧院なのだ。チャンディガールが光に捧げられていたのと同じ程度に、ラ・トゥーレットは影に捧げられている。いうまでもなく、光と影は互いに交接し合うものではあるのだが、それでもどちらが主役をつとめるのかは性格づけの上で重要な要因である。この場合、風土と主題がそれを選んでいることはいうまでもない。チャンディガールにも暑気から解放するために影はふんだんにつくられているが、それは外光とは連続している。ラ・トゥーレットではそ

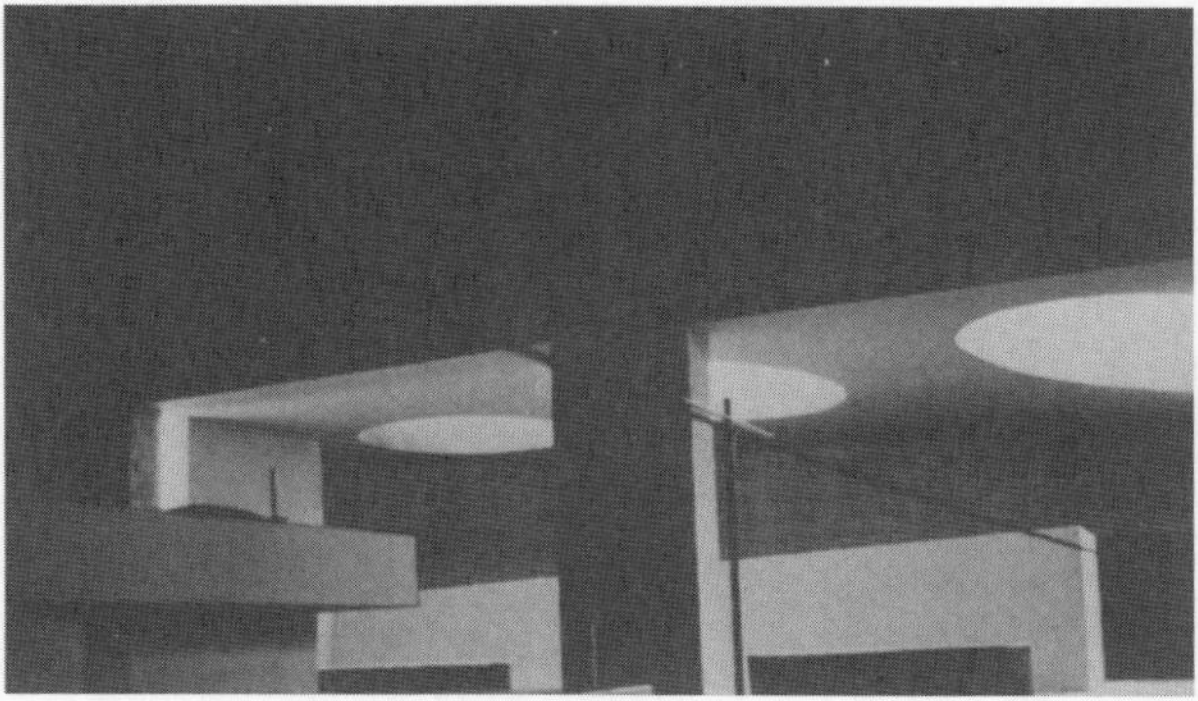
図57　ラ・トゥーレットの僧院（内部）

うではない。開かれた公共性は僧院には必要ではない。瞑想は内に籠ることを要請する。だからここでは影は、むしろ不動の闇として封じこめられる。

　このドミニコ会の修道院の仕事は、ロンシャンと同じ、ピエール・クーチュリエ師の求めによってル・コルビュジエに委託された。多くの画家たちに知己をもち、マチスにヴァンスの教会の装飾を委ねたのもまた師である。師はプログラムに関してもリベラルな考えのもち主であったようだが、形の問題は別にして、ラ・トゥーレットは（ロンシャンもまたそうだったが）プランの類型としては必ずしも極めて革新的であったわけではない。それどころかラ・トゥーレットでは、ユニテでは既に放棄された、中庭形式という極めて伝統的な形式を復活させてすらいる。むしろここでル・コルビュジエとクーチュリエが求めたものは空間の質であったといえるだろう。クーチュリエはル・コルビュジエに南仏のル・トロネ修道院を見ることを勧めた。ウォルフガング・ブラウンフェルスは「(ラ・トローネは)如何なる時代にあっても修道院がもつべき現実の精神をもっている。人間が内省と瞑想と沈黙に捧げられ、コミュニティの中では、時の経過と共にも生活はさして変る所はない」と書いている。ル・コルビュジエはル・トロネで実測なども行ったようだが、手にしたのは、一切の装飾を排した質実な石積の壁の中に閉じこめられた僅かな光とそのまわりに生まれる闇との微妙な交感であり、それはエマの修道院での記憶と共々にラ・トゥーレットに移しこまれた。チャペルでは例のヘルメティックな数の戯れも見られる。つまり、チャペルの身廊の北と南の両側には祭壇と聖具室が設けられているのだが、その各々にはスカイライト(光の大砲とル・コルビュジエは命名した)がとられ、南は七つ北は三つ(父と母と子)とされているのである。

ステファン・ガーディナーのル・コルビュジエの短い評伝の冒頭には、ラ・トゥーレットに関する興味深いエピソードが伝えられている。ラ・トゥーレットの階段室には、他の後期の作品にも共通していることだが、極く小さな明りとりの開口がいくつか穿《うが》たれている。この開口の一つのコンクリートの打設がうまくいかなかった。当然のことながら現場監督は当惑した。予算はないとはいえ、相手は世界の巨匠である。しかも世界中の至る所でスキャンダルを起こしつづけてきたことでも音に聞こえた気むずかし屋の人物である。しかし、この懸念は杞憂に終った。巨匠がいったことは「間違いは人間的なことさ」であり、彼はそのことばをその不首尾に終った窓の傍に刻印するよう指示した。瑕瑾《かきん》をも詩の一部とすること、空間に文字通りしるされた「手」の跡とすること、それはかつての美は正確のうちにしかあり得ないとするピューリスト時代のル・コルビュジエには考えられぬことのように思われるが、しかし彼にとって機械時代の精神に導かれた「光の下に集められたヴォリュームの壮麗、正確かつ巧緻な戯れ」とは、結局アカデミズムによって因習化され生命に欠けたメチエの集積として、建築から空間の裸形の響きをとり戻そうとする企てではなかったのか？手のこんだモールディングや高価な材料を身にまとうことよりも、裸形の事物として構成された空間の方が本源的な力強さにおいてたち優っていることの証し立てではなかったのか？それが、電話器からパルテノンまでを通底しているものであったとするなら、ラ・トゥーレットの質実なコンクリートと闇に取り囲まれた、むしろアモルファスでエロティックですらある空間は、プロヴァンサル的な信条《プラトニズム》と矛盾するものではなかったのではないのか？それは光と闇との間に架け渡された全くユニークで本能的なドラマにすぎなかった。エマでの回心は半世紀以上を超えて永らえつづけてきたのである。「個人生活と共同生活とが互いに高め合い、調和した組織が感じとられる」とかつて若いジャンヌレが書きとめたカルトジオ修道院の精神は、ラ・トゥーレットの中にも確実に生きている。切りつめられた集団の精神的生活に奉仕される空間が要求する正確さと経済とは、ラ・トゥーレットにも欠けてはいない。そのようなものが、工業製品の直喩的な厳格さにしかないという信念の狭量さを、それは咎めている。「直角」の精神は、ラ・トゥーレットにもあるし、カップ＝マルタンの自分のための方丈の貧しいキューブ（もう一つのエスプリ・ヌーボー館）にもある。そしてそこには最大の豪奢すらある。詩人のもつ特権的な豪奢が。精神主義者ル・コルビュジエ。しかし、それはラ・トゥーレットが宗教的黙視に捧げられているからではない。それはル・コルビュジエにとっての共同生活の原型的なイメージなのだ。だから、それは僧院であると同時に、イムーブル・ヴィラでもユニテ・ダビタシオンでもある。彼にとって近代的生活様式が精神の函数であったことは疑いを容れない。非政治的なイデオローグであり、世俗的な宗教者であり、そして即物的な精神主義者でもあるル・コルビュジエ。

二〇年代のル・コルビュジエの作品に「生産の系」と「意味（隠喩）の系」とが認められると前述したが、後者が圧倒的に拡大化されていった戦後期にあっても、厳密にいえば前者が消滅してしまったわけではない。これまで述べてきたように彼の昂進された合理主義においてその二つの系は底流においてつながっている以上、空間の官能性が太陽讃仰的な生命の謳歌や闇の中に潜まされたエロスとして肥大化されていったとしても、もう一つの系は確実に生きつづけていった。そうでなければ、ル・コルビュジエの言説があまで同じトーンを一貫させたことの説明がつかない。確かに新しいブルータリズムの詩学は量においても質においても圧倒的であり、これまで述べてきた作品群以外にも、アーメダバードの美術館、製糸業者会館、ショーダン邸とサラバイ邸、フィルミニーの青年と文化の家と教会（計画）、カップ＝マルタンのロク・ロブ（計画）、パリのジャウル邸とブラジル学生館、ハーバード大学のカーペンター視覚芸術センター、ストラスブールの会議場（計画）等の重要な作品があるが、その傍らにも、合理主義や機械の美学は介在しつづけた。正確にいえばブルータリズムと呼ばれる作品群でも近代的なテクノロジーと無縁であったわけではない。ユニテ・ダビタシオンは前述のようにプレファブリケーション（プレハブ）を多く活用しているし、五六年ころからはその研究をルノー公社と提携して進めている。モノル以来のテーマの展開であるロク・ロブはアングル材の電気溶接によるキュービックな構造システムが用いられている。軽量な近代的構法による古代のメガロン形式（長堂建築様式）のヴァリエーション。フィルミニーの青年と文化の家はケーブルを張り渡して、その上にセリウム板を敷きつめていくという方法を採用している。単に進んだテクノロジーをも用いてプリミティブなあるいはブルータルな美学の実現を企てたといっても当っていない。フィルミニーの計画が始まった五六年には二九年に当時つくられたばかりのルショール法に対応してつくられたモデルを再びとりあげて、H型鋼とアルミの折版《せっぱん》によるラニの実験住宅群（五〇戸）の計画も行っている。

「待つこと三〇年、はじめは徐々に、今では強力に、物理や化学、工学の技術者たちも、事業家も、国の一般経済の人も、漸く建設（住宅）が人類の最大の要求のひとつであり、

図58　ハイジ・ウェーバーのためのパビリオン（1962–67）

従って巨大な量産品としての対象となり得るひとつだと考えるようになった」（「全集」第六巻）。

チューリッヒ湖の畔にたっているハイジ・ウェーバーのためのパビリオンは、この点で典型的にル・コルビュジエ的な両義性を示している。このル・コルビュジエの最後の作品（死後の六七年に完成された）は、ラニの住宅と同じスチール構造と琺瑯《ほうろう》鉄板のパネルによってつくられているが、金属の使用は施主側からの希望である。ハイジ・ウェーバーは、パリに赴いてコンクリートについて語る巨匠にその希望を告げると、彼が、しかしそれはコンクリートよりずっと難しく危険があると語ったと証言している。結局、危険を押してもという希望が容れられ、現在見られるようなデザインになったわけだが、それは新しいデザインというよりも、二〇年前のリエージュでの展覧会のパビリオンとして計画されたものの変形である。この形は、その後も形を変えてサン・フランシスコに、ポルト・マイヨーに、東京に、そしてエレンバッハやストックホルムにあらわれるが、いずれも実現せず、チューリッヒではじめて具体化にこぎつけた。それは、互いに反転したパラソル状の屋根によって覆われている。パラソルのモチーフはチャンディガールの高等法院で巨大なコンクリート製のそれとして実現している。材料も違えば規模も違うこの二つのパラソルは、与える印象は全く異るが、結局は、かつてル・コルビュジエが幾つもスケッチを行った「原始人の小屋」のテント構造の発展である。このパビリオンは「人間の家」と名づけられた。ハイジ・ウェーバーはそれが住宅として計画されたという「全集」でのベジガーの記述を否定しているが、それが原型的な家であり、神殿でもあったことは、そうした事実とは関わりなく、間違いのない真実である。チューリッヒの精巧なディテールによる繊細なパビリオンも、チャンディガールの巨大で逞しいコンクリートの量塊による神話的な高等法院もそのことにおいては変りがない。

最晩年におけるル・コルビュジエ。それに多くのことばを費すことはできない。ラ・ショー＝ド＝フォン時代のジャンヌレの行動がかなり最近まで充分な注目を浴びてこなかったこととは別に、最晩年の巨匠の作品群もまた必ずしも統一的な評価がなされてきたとはいえない。ブラジリアのフランス大使館、ミラノのオリヴェッティ・センター、エレンバッハの国際芸術センターそしてヴェネツィアの病院などの未完に終ったプロジェクトは、巨匠の新方向を示唆するか、あるいは創造力の衰えを示すのか？　実現されたにせよ、チャンディガールやアーメダバード、東京の国立西洋美術館などは確かに必ずしもキャピトルのトーテム群と同じヴォルテージを示すとはいい難い。しかし一方、ヴェネツィアの病院やジャウル邸の増築の計画（「全集」には掲載されず）はまた新しい局面を示唆するようにも見える。老いた鴉にとっても充足した生命力を持続することは叶わなかったのか？　それとも、死の直前にもらしたように、まだ百年分のアイデアはあったのか？　答えを出すには死はあまりにも突然すぎた。ル・コルビュジエは最後まで両義的な存在である。

ジェルジー・ソルタンに対してル・コルビュジエはかつてこう語ったという。「太陽に向って泳いで死ぬとしたらどんなにかよいだろう」と。そして太陽と共に地中海がこの人物にとっての象徴的な生命力の源でもあったことを思うならば、そこにアルビ派の聖なる自殺によって精神の肉体からの離脱を図るという伝統を重ねてみることは、安易にすぎるとしても抗し得ぬ誘惑である。

死よりも一〇年も前に彼は一つの文章を書いている。その中で彼はカイロ－パリの航空便にイカルスの試みを二重写ししながら、「開かれた手」の構想を語り、更には「四つの交通路」や「七つのVの法則」や「三つの人間機構」について語り、「頭と心と性格と知性と意識と感性とをもった人間」として探求に身を投じるのだとしめくくっている。タイトルは本文とは直接関わりなくこうつけられた。「すべては遂には海に還る」。

葬儀にあたっては、ギリシアからはアクロポリスの土が、インドからはガンジスの水が手向けられた。アンドレ・マルローは哀悼の辞の中で「開かれた手」に言及しつつこう語った。「そしてチャンディガールの中心の記念碑は巨大な平和の手を掲げることになっていました。そこへヒマラヤから鳥が来てとまるのです」。鴉《コルボー》がとまるべき「手」は今、そこには立っていない。しかし地中海にもヒマラヤの山麓にも、それは至る所に遍在している。――「ル・コルビュジエとは誰だったのか？」という問いを人々が発しつづける限り。

（二〇二二年の註：「開かれた手」は巨匠の死後一九八六年に作られて「この人を見よ」と呼びかけているようだが、それ以前に書かれたこのエンディングの文章は元のままに留めておきたい）。

年譜

一八八七年　一〇月六日、スイス、ラ・ショー＝ド＝フォンに時計の細工師の息子として生まれる。
一九〇〇年　地元の装飾美術学校入学。
一九〇四年　装飾学校の高等科に進む。
一九〇七年　処女作ファレ邸。はじめてのイタリア旅行、更にウィーンに赴く。
一九〇八年　ウィーンからドイツを経てパリに出、ペレーの事務所に入る。
一九一〇年　一時的なラ・ショー＝ド＝フォンへの帰郷の後、ドイツに赴き、ベルリンのベーレンスの事務所に入る。
一九一一年　東方旅行。
一九一二年―一七年　ラ・ショー＝ド＝フォンに留まる。
一九一七年　パリに落ちつく。
一九一八年　オザンファンとの出会い。『キュービズム以後』出版。
一九二〇年　『エスプリ・ヌーヴォー』創刊。ル・コルビュジエを名のり出す。
一九二二年　従弟ピエール・ジャンヌレとの協働はじまる。サロン・ドートンヌにシトロアン住宅のモデルと「三〇〇万人のための現代都市」を出品。ヴォークルソンの住宅。
一九二三年　オザンファンのアトリエ。『建築をめざして』出版。
一九二四年　セーヴル街三五番地にアトリエを構える。ラ・ロシュ＝ジャンヌレ邸、リプシッツ＝ミスチャニノフ邸など。
一九二五年　国際装飾博覧会にエスプリ・ヌーボー館の建設。プラン・ヴォアザン出品。メイヤー邸計画。『ユルバニスム』、『今日の装飾芸術』、オザンファンとの協働で『近代絵画』。

一九二六年　ペサック団地完成。

一九二七年　パレ・デ・ナシオンの設計競技。ワイゼンホフ実験ジードルンク展に二軒建設。スタイン邸、プラネクス邸。

一九二八年　CIAM創立。ムンダネウム計画、セントロソユーズ計画。『住宅と宮殿』

一九二九年　南米旅行。

一九三〇年　イヴォンヌ・ガリと結婚。フランス国籍取得。エラズリス邸計画。『プレシジョン』

一九三一年　アルジェ旅行。ソヴィエト・パレス設計競技。サヴォア邸、ド・マンドロー邸。

一九三二年　アルジェ、オビュA計画。イムーブル・クラルテ、スイス学生館。

一九三三年　アテネ憲章。救世軍の難民院、ナンジェセール・エ・コリのアパート。アントワープとストックホルムの都市計画。『建築十字軍』出版。

一九三五年　訪米。セントロソユーズ、マトの家。カルテジアン・スカイスクレーパー計画。『輝く都市』

一九三七年　「新時代」館、一〇万人の競技場計画。ヴェイラン＝クーチュリエのモニュメント。『伽藍が白かったとき』

一九四一年　ヴィシー滞在。『パリの運命』、『四つの交通路』

一九四二年　アルジェ計画の最終的拒否。ASCORAL設立。『人間の家』

一九四五年　サン・ディエ計画。『三つの人間機構』

一九四七年　国連本部をめぐるトラブル。

一九四八年　サント＝ボーム計画。スイス学生館の壁画。

一九四九年　ロク・ロブ計画。

一九五〇年　『アルジェの詩』、『モデュロールⅠ』
一九五一年　チャンディガールのアドヴァイザーとなる。
一九五二年　マルセイユのユニテ。チャンディガール着工。
一九五四年　『モデュロールⅡ』
一九五五年　ロンシャン、ナントのユニテ。『直角の詩』
一九五六年　「ラニ計画」、ショーダン邸、サラバイ邸（アーメダバード）とジャウル邸（パリ）、チャンディガールの高等法院。ラ・トゥーレットの僧院。
一九五七年　東京の国立西洋美術館。
一九五八年　ベルリンのユニテ、チャンディガールの総合庁舎。
一九六二年　チャンディガールの議事堂。
一九六五年　フィルミニーの文化の家、ハーバード大学のカーペンター視覚芸術センター。ヴェネツィアの病院計画。八月二七日、カップ＝マルタンで水浴中に心臓発作で死亡。
一九六六年　『東方への旅』
一九六七年　フィルミニーのユニテ、ハイジ・ウェーバーのためのパビリオン。

あとがき

建築においてモダニズムの占める重要度は、他の分野のそれにも増して、殆んど決定的なものである。それは近代建築が、近代のテクノロジーと生産様式をバックにしてきた以上、当然の理ではある。テクノロジーの革命が、建築のスタイルにも革命的な変化を及ぼし、そして後者は前者の形成する枠組の中で振舞わざるを得ないという、誰にも否定し得ない事実は、近代建築をそれまでの時代様式とは全く違うものとしてしまった。つまりゴシックやルネサンス、バロックといった様式が、基本的にはあくまで芸術様式であり、教会や宮殿などその時代の支配的な建物のみにあてはまるものであったのに比べて、近代建築はすべての建築物に対して蔓延していった。今や、かつての時代様式がむしろ選ばれた例外に付される様式であったのに対して、近代建築は全面的な環境と化そうとしている。しかも明らかに、それは後期資本主義的な様式としてある。空間＝環境の貧困化を伴いながら、である。当然のこととして、それを招来した近代建築の教義に対する批判が成立する。いわゆるポスト・モダニズムなる傾向が、建築において他の諸分野に先駆けて隆盛しだしたのは、こうしたモダニズムの比重のしからしめるものである。例えば音楽や美術におけるそれと、建築におけるポスト・モダニズムでは、近代建築がモダニズムに負っているいわば構造的な重さが全く異る。構造的、というのは、この環境への全面化が、スタイルの非芸術様式化が、近代建築の開拓者たちによって意図されたものであったからである。今日の商業主義に毒された似非近代建築とアヴァンギャルドたちの意図していた純正なる近代建築とは、はっきりと違うものではあるが、同時に明らかに否定し得ない根が両者の間には通底している。

大半のポスト・モダニズムからのモダニズム批判は、モダニズムをアヴァンギャルドから今日のバナルなそれまでを一枚岩として括ってしまい、その批判の上に新しい問題を提起するというよりも、アヴァンギャルドがかつて提起した問題を等閑視した上で、それが禁止令を発したものを単純に復古しているにすぎない。それ故に、その批判はトカゲの尻尾と頭の区別もついていない批判である。それは、だから、正確な意味では批判たり得ていない。モダニズム批判とは、こうしたモダニズムとレイト・モダニズムとの間の構造的な両義性を踏まえた上で、更にはアヴァンギャルドの抱えこんでいたプロブレマティックにまで踏みこんだ上でなされるのでなくてはならない。

このことは、当然、従来一枚岩として扱われてきたきらいのあるアヴァンギャルドたちの「近代建築」自体を一たん解体してみる作業を要求する。私の考えでは、本書でも一部に触れているが、そうした一枚岩としての近代建築とは仕組まれた神話であり、神話としての分りやすさを提供する一方、真の問題性はむしろ曖昧化されているのである。そして、ル・コルビュジエはこの神話の中心にいる。

ル・コルビュジエは、いうまでもなく近代建築の最大の建築家であり、美術におけるピカソの位置に匹敵するか、あるいはその影響力の今日なお少なからぬ大きさからすれば、それをも凌いで、二〇世紀の芸術諸分野を通しても比を見ない人物であった。建築にせよ、都市計画にせよ、今日彼の名すら知らぬ人々によるその営為にも、ル・コルビュジエの作業の何がしかが確実に投影されている。だから建築におけるモダニズムの批判は、コルビュジアニズムに直面せざるを得ない。だが、私の意見では、本書に示したように、ル・コルビュジエは、「近代建築」の他のパイオニアたちと比べて、格別に例外的な存在である。これまで書かれてきた幾多の評伝においてモダニスト、ル・コルビュジエ像は多く（多すぎるほど）描かれてきた。しかし今日なお、この巨人の全貌は未だ示されてはいない。ル・コルビュジエはかなり若い頃から、後の名声を予期していたのか、細かい書簡やスケッチの類まで保管しておく習慣があった。初期の傑作ラ・ロシュ＝ジャンヌレ邸に設けられているフォンダシオン・ル・コルビュジエには一〇万を超す厖大な資料が集められている。近年この資料の研究・公刊が進みはじめ、ル・コルビュジエ研究は、第二のルネサンスといった様相すら呈している。既に「ル・コルビュジエ学」とすら呼ばれているそれは、二〇世紀の他の芸術家に類例のないものであろう。

本書の著者である私に関していえば、ル・コルビュジエはこれまで半ば意図的に回避してきた対象である。前述のようにモダニズムの中でのル・コルビュジエの例外性を感じていたためである。私は、比較的多く流布しているような、他のモダニストはモダニズムとしての歴史的な限界を露わにしてしまったが、ル・コルビュジエだけはその巨匠的な豊饒性の故に例外であるという説はとらない。むしろモダニズムの、そうした意味では非ル・コルビュジエ的な部分に一つの革命的な意義があったと考えているし、それが故に生じざるを得なかったアポリアに大きな関心がある。本書でもハンネス・マイヤー、マルト・スタム、カレル・タイゲ、そしてソヴィエト・アヴァンギャルドを対比的に扱ったのはそうした理由によるものである。こうした関心からの近代建築の見なおしの作業を、先に『逃走するバベル』（朝日出版社）として書き、現在より詳細な分析を「近代建築の系譜学——転向建築論」として『建築文化』誌（彰国社）に連載中である。

しかし、これまで回避してきた「巨大な中心」であるル・コルビュジエについては、回避しつづけるわけにはいかない。私の意図してきたことは中心をずらせることではあったが、その無視ではあり得ないからである。今回『逃走するバベル』を読まれた上で、この巨人にあたってみることを勧められた岩波書店の大塚信一氏のおことばは、こうした意味で、私にとっては、タイムリーなものであった。私が、ル・コルビュジエ学の専門家ではなく、これまでの蓄積もないという逡巡の理由は、この「20世紀思想家文庫」のシリーズ自体が、いわゆる定評のある専門的な研究者でない書き手を揃えることを主眼としているという説明によって根拠を奪われてしまった。できるだけのことはした積りではあるが、当然限られた時間に厖大な内容を備えた対象である。様々の不備があることは著者自身がよく承知している。しかし下調べと原稿の時間は著者にとって実に得難い充実した時間であった。改めてこの巨人の並はずれたスケールに圧倒される思いであり、文章を書く傍から新しい発見があった。発見があってそれを文字にかえていくのではない。文章がまた新しい読み方を触発するのである。けだし凡百の対象ではあり得ぬことであろう。おそらく今日のような企画がなかったら、これだけまとまった勉強をル・コルビュジエに関して行うことも、まして生涯の全体に亘って筆を及ぼすことも、私の方からはなかっただろう。そのことから一番得るものが多かったのは私自身である。重ねて大塚氏には感謝しておきたい。

文字に定着されたものはいつでも不備である。書き終えた傍から、私はまた別の書き方があったのではないかという思いを、いつものように禁じ得なかった。とくにル・コルビュジエのような複雑な対象の場合、その思いは一層である。このような本を著すことは一つの旅にも準え得るように思うのだが、一つの旅の記憶はもう一つの漂泊を誘う。今はそれを楽しみに筆を置くだけである。

一九八三年七月

八束はじめ

図版出所一覧

口絵、図39：©S.P.A.D.E.M., Paris.
図1、3、6、8、10、12、15、17、18、20、22、24、25、26：*Le Corbusier, Oeuvre complète*, Vol. 1, 1935, Verlag für Architektur Artemis.
図27、29、30、34、35、37：*Le Corbusier, Oeuvre complète*, Vol. 2.
図36：*Le Corbusier, Oeuvre complète*, Vol. 3.
図32、38、41、55：*Le Corbusier, Oeuvre complète*, Vol. 4.
図42、46、49、54：*Le Corbusier, Oeuvre complète*, Vol. 5.
図2、56：Charles Jencks, *Le Corbusier and the Tragic View of Architecture*, 1973, Allen Lane.
図4：Firmenarchiv AEG-Telefunken.
図5、7、9：*Le Corbusier, Vers une architecture*, 1924, Les Éditions G. Crès et Cie.
図11、21、33、43、44、45、47、48、52、56、58：Wikimedia Commons.
図13、19、57：筆者撮影。
図14、53：*Oppositions* 19/20, 1980, The Institute for Architecture and Urban Studies and the MIT Press.
図16：*Le Corbusier*, 1960, Editions Vincent Fréal et Cie.
図23、28：Kenneth Frampton, *Modern Architecture, A Critical History*, 1980, Thames and Hudson.
図31：Dokumentation Le Corbusier, Stiftung Heidi Weber, Zurich.
図40：Le Corbusier, *Modulor* II, 1954, Fondation Le Corbusier.

図50、51：Information Service of India.

学術文庫版あとがき

この本の原著である岩波書店版『ル・コルビュジエ』が出版されたのは1983年で、今回講談社学術文庫に再録されるまでにほぼ40年が経過している。執筆当時の筆者は33歳で、勤務していた設計事務所からの独立をそろそろ考え出した頃だった。翻って本書の主役であるル・コルビュジエが亡くなったのは、序章にもあるように1965年、原著の出版より遡ること20年にも満たないが、当時高校生であった筆者にこの大建築家と時代を共有しているという意識は全くなかった。死後20年のル・コルビュジエは、大建築家として既に歴史的な存在であり、いうなれば「古典」だった。執筆当時の私がこの「古典」を「勉強」して本書を書いたことは、岩波書店版のあとがきに記した通りである。また、そこでもル・コルビュジエはモダニズムを代表している、と書かれており、他方ポスト・モダニズムについても批判的に書かれている。しかし、ル・コルビュジエの死後20年のこうした位置付けが、さらにその先の40年を経た現在においてもさして変わらないことは、自分にとっては驚くべきことだった。ポスト・モダニズムの方はといえば、'83年にもそうだったかもしれないが、今では、疾《と》うに終わったコンテンツとして扱われている。

この短いあとがきで、モダニズムは古びていないが、ポスト・モダニズムは早々に古びてしまったとか、ましてやル・コルビュジエは不滅だとか、七面倒な理屈を捏《こ》ねたいわけではない。ポスト・モダニズムという括り方は、流行語として扱われる限りにおいては好きではないのだが、その時代に登場したのにはそれなりの理由があった。モダニズムがそれによって批判されたのにもそれなりの理由があった。幸いなことに40年前のこの「若書き」でもそうした理解は既に書き込まれている。ただ、それらが通り一遍の理解で括られるならば、どのみち大した意味はないのだ、一度もその奥底まで考えられたことはないのだ、と言いたいのである。例えば、モダニズム建築とは機能主義、合理主義であり、ル・コルビュジエの言った「住宅は住む機械である」はその例である、というような理解がそれである。本当の理解、と言ってしまうと大上段に振りかぶった言い方で恐縮だが、それはレッテル貼りで事足りるとするような行為ではあり得ない。短いヴォリュームの範囲内であるにせよ、この大建築家（それに大思想家、と付け加えておきたい。岩波書店版は「20世紀思想家文庫」というシリーズに含まれていたのだし）の生涯を辿ることで、それが如何に多大な振幅を含むものであったかを論じることができたのは、執筆者として幸いなことだった。「若書き」であるが故の文章上の身振りが大きいと思うところは少なからずあるが、それも記述対象であるル・コルビュジエのもつスケールの拡がりに感応してのことだったとは思う。

理屈はともかく、２０１６年に国立西洋美術館が世界文化遺産に登録されたことが話題になって以来、専門を外れた場面でも様々な機会で取り上げられるようになったこの建築家のことを知りたいと考えて、本書を手に取って下さる読者の方々も少なくないだろうが、建築やアートの作品から著作に至るまでの彼の仕事を概観してみるだけで、それがル・コルビュジエという一人の人物の数十年に及ぶ活動の月日のうちで自然に変わっていった――例えば様式のようなビジュアルな側面において――というだけではないことが分かるだろう。それは最初から彼の、言うなればＤＮＡの中に仕込まれていたものが徐々に発芽し生育していったとも言える。初期のサヴォア邸から後期のロンシャンの礼拝堂に至るまでの一見対照的な作品群は、後者が出来た際に多くの人々を戸惑わせたのだが、実は一貫しているものが厳として存在している。都市計画でも「三〇〇万人のための現代都市」とアルジェやチャンディガールのそれでも、やはり通っているものはある。それはモダニズムの典型であったりもするが、同時にそれを乗り越えようとするものでもあった。彼が初期に用いた言葉でいえば「新精神《エスプリ・ヌーボー》」だが、各々生命への鑽仰の異なった形《イコン》なのである。いわゆる合理主義的な直交形態とは対極的に見える図像を集めた表を「直角の詩」と名付けたことからも、ル・コルビュジエがこの「転向」を矛盾とは考えなかったであろうことを私は確信している。あるいは建築家としてのル・コルビュジエは素晴らしいが、その都市計画は認めるに値しないなどとも考えない。それは上記の「新精神」の営みを理解しないことになるからだ――40年前も、現在であってもこの確信が変わらないことを今回の再刊を通して認めたのは幸いだった。

なお原著にあった少数の誤りを今回の再刊に際して直してある。また編集部のサジェスチョンによっても異同があることはお断りしておきたい。再版企画から出版までの迅速な作業によってこれを可能にして頂いた、その編集部の原田美和子さんには、感謝のことばもない（って、これもことばだが……）。

八束はじめ

令和4年6月28日

本書の原本は一九八三年、「20世紀思想家文庫」として
岩波書店より刊行されました。

八束はじめ（やつか・はじめ）

1948年，山形県生まれ。建築家，建築評論家，芝浦工業大学名誉教授。東京大学工学部都市工学科卒業，同大学大学院博士課程中退。磯崎新アトリエ勤務後，独立。著書に，『逃走するバベル』『批評としての建築』『空間思考』『思想としての日本近代建築』『ロシア・アヴァンギャルド建築』『ル・コルビュジエ 生政治としてのユルバニスム』，共著に『未完の帝国』など多数。

講談社学術文庫

定価はカバーに表示してあります。

ル・コルビュジエ

八束《やつか》はじめ

2022年9月8日　第1刷発行

発行者　鈴木章一
発行所　株式会社講談社
東京都文京区音羽 2-12-21 〒112-8001
電話　編集（03）5395-3512
販売（03）5395-4415
業務（03）5395-3615
装　幀　蟹江征治
印　刷　株式会社広済堂ネクスト
製　本　株式会社国宝社
本文データ制作　講談社デジタル製作

ISBN978-4-06-529332-4

「講談社学術文庫」の刊行に当たって

これは、学術をポケットに入れることをモットーとして生まれた文庫である。学術は少年の心を養い、成年の心を満たす。その学術がポケットにはいる形で、万人のものになることは、生涯教育をうたう現代の理想である。

こうした考え方は、学術を巨大な城のように見る世間の常識に反するかもしれない。また、一部の人たちからは、学術の権威をおとすものと非難されるかもしれない。しかし、それはいずれも学術の新しい在り方を解しないものといわざるをえない。

学術は、まず魔術への挑戦から始まった。やがて、いわゆる常識をつぎつぎに改めていった。学術の権威は、幾百年、幾千年にわたる、苦しい戦いの成果である。こうしてきずきあげられた城が、一見して近づきがたいものにうつるのは、そのためである。しかし、学術の権威を、その形の上だけで判断してはならない。その生成のあとをかえりみれば、その根は常に人々の生活の中にあった。学術が大きな力たりうるのはそのためであって、生活をはなれた学術は、どこにもない。

開かれた社会といわれる現代にとって、これはまったく自明である。生活と学術との間に、もし距離があるとすれば、何をおいてもこれを埋めねばならない。もしこの距離が形の上の迷信からきているとすれば、その迷信をうち破らねばならぬ。

学術文庫は、内外の迷信を打破し、学術のために新しい天地をひらく意図をもって生まれた。文庫という小さい形と、学術という壮大な城とが、完全に両立するためには、なおいくらかの時を必要とするであろう。しかし、学術をポケットにした社会が、人間の生活にとってより豊かな社会であることは、たしかである。そうした社会の実現のために、文庫の世界に新しいジャンルを加えることができれば幸いである。

一九七六年六月

野間省一

ある神経病者の回想録
D・P・シュレーバー著／渡辺哲夫訳

フロイト、ラカン、カネッティ、ドゥルーズ&ガタリなど知の巨人たちに衝撃を与え、二〇世紀思想に不可逆の影響を与えた稀代の書物。壮絶な記録を明快な日本語で伝える、第一級の精神科医による渾身の全訳！

2326

史的唯幻論で読む世界史
岸田　秀著

古代ギリシアは黒人文明であり、栄光のアーリア人は存在しなかった――。白人中心主義の歴史観が今なお世界を覆っている欺瞞と危うさを鮮やかに剔抉、その思想がいかにして成立・発展したかを大胆に描き出す。

2343

カントの時間論
中島義道著

物体の運動を可能にする客観的時間が、自我のあり方を決める時間であることをいかに精確に記述することができるのか……。『純粋理性批判』全体に浸透している時間構成に関するカントの深い思索を読み解く。

2362

交易する人間《ホモ・コムニカンス》　贈与と交換の人間学
今村仁司著

ヒトはなぜ他者と交易するのか？　人間存在の根源をなす「負い目」と「贈与」の心性による相互行為が解体して市場と資本主義が成立したとき、なにが起きたのか。人間学に新地平を切り拓いた今村理論の精髄。

2363

現代思想の遭難者たち
いしいひさいち著

思想のエッセンスを直観的に汲み取り、笑いに変えてしまう「いしいワールド」のエネルギーに、哲学者たちも毀誉褒貶。これは現代思想の「脱構築」か？　それとも哲学に対する冒瀆か？　手塚治虫文化賞も受賞！

2364

ひとはなぜ戦争をするのか
A・アインシュタイン、S・フロイト／浅見昇吾訳（解説・養老孟司／斎藤　環）

アインシュタインがフロイトに問いかける。「ひとは戦争をなくせるのか？」。宇宙と心、二つの闇に理を見出した二人が、戦争と平和、そして人間の本性について真摯に語り合う。一九三二年、亡命前の往復書簡。

2368

高田珠樹著
ハイデガー 存在の歴史

現代の思想を決定づけた『存在と時間』はどこへ向けて構想されたか。存在論の歴史を解体・破壊し、根源的な存在の経験を取り戻すべく、「在る」ことを探究したハイデガー。その思想の生成過程と精髄に迫る。

2261

ヴィクトール・E・フランクル著／中村友太郎訳（解説・諸富祥彦）
生きがい喪失の悩み

どの時代にもそれなりの神経症があり、またそれなりの精神療法を必要としている――。世界的ベストセラー『夜と霧』で知られる精神科医が看破した現代人の病理。底知れない無意味感＝実存的真空の正体とは？

2262

木田　元著
マッハとニーチェ 世紀転換期思想史

十九世紀の物理学者マッハと古典文献学者ニーチェ。接点のない二人は同時期同じような世界像を持っていた。ニーチェの「遠近法的展望」とマッハの「現象」の世界とほぼ重なる。二十世紀思想の源泉を探る快著。

2266

鷲田清一著
〈弱さ〉のちから ホスピタブルな光景

「そこに居てくれること」で救われるのは誰か？　看護、ダンスセラピー、グループホーム、小学校。ケアする側とされる側に起こる反転の意味を現場に追い、ケア関係の本質に迫る、臨床哲学の刺戟的なこころみ。

2267

コーラ・ダイアモンド編／大谷　弘・古田徹也訳
ウィトゲンシュタインの講義 数学の基礎篇 ケンブリッジ1939年

後期ウィトゲンシュタインの記念碑的著作『哲学探究』に至るまでの思考が展開された伝説の講義の記録。数を数えるとは。矛盾律とは。数学基礎論についての議論が言語、規則、命題等の彼の哲学の核心と響き合う。

2276

中島義道著
差別感情の哲学

差別とはいかなる人間的事態なのか。他者への否定的感情、その裏返しとしての自分への肯定的感情、そして「誠実性」の危うさの解明により見えてくる差別感情の本質。人間の「思考の怠惰」を哲学的に追究する。

2282

《講談社学術文庫　既刊より》

北の十字軍　「ヨーロッパ」の北方拡大
山内　進著（解説・松森奈津子）

「ヨーロッパ」の形成と拡大、その理念と矛盾とは何か？　中世、ヨーロッパ北方をめざしたもう一つの十字軍が聖戦の名の下、異教徒根絶を図る残虐行為に現代世界の歴史的理解を探る。サントリー学芸賞受賞作。

2033

古代ローマの饗宴
エウジェニア・サルツァ＝プリーナ・リコッティ著／武谷なおみ訳

カトー、アントニウス……美食の大帝国で人々は何を食べ、飲んでいたのか？　贅を尽くした晩餐から、農夫の質実剛健な食生活まで、二千年前に未曾有の繁栄を謳歌した帝国の食を探る。当時のレシピも併録。

2051

イスラームの「英雄」サラディン　十字軍と戦った男
佐藤次高著

十字軍との覇権争いに終止符を打ち、聖地エルサレムを奪還した「アラブ騎士道の体現者」の実像とは？　ヨーロッパにおいても畏敬の念をもって描かれた英雄の、人間としての姿に迫った日本初の本格的伝記。

2083

西洋中世の罪と罰　亡霊の社会史
阿部謹也著

個人とは？　国家とは？　罪とは？　罰とは？　キリスト教と「贖罪規定書」と告解の浸透……。「真実の告白が、権力による個人形成の核心となる」（M・フーコー）過程を探り、西欧的精神構造の根源を解明する。

2103

フィレンツェ
若桑みどり著

ダ・ヴィンチやミケランジェロ、ボッティチェッリら、天才たちの名と共にルネサンスの栄光に輝く都市。その起源からメディチ家の盛衰、現代まで、市民の手で守り抜かれた「花の都」の歴史と芸術。写真約二七〇点。

2117

大聖堂・製鉄・水車　中世ヨーロッパのテクノロジー
J・ギース、F・ギース著／栗原　泉訳

「暗闇の中世」は、実は技術革新の時代だった！　建築・武器・農具から織機・印刷まで、直観を働かせ、失敗と挑戦を繰り返した職人や聖職者、企業家や芸術家たちが世界を変えた。モノの変遷から描く西洋中世。

2146

池内 紀著
悪魔の話

ヨーロッパ人をとらえつづけた想念の歴史。彼らの不安と恐怖が造り出した「悪魔」観念はやがて魔女狩りという巨大な悲劇を招く。現代にも忍び寄る、あの悪夢を想起しないではいられない決定版・悪魔学入門。

2154

ウィリアム・H・マクニール著／清水廣一郎訳
ヴェネツィア 東西ヨーロッパのかなめ 1081～1797

ベストセラー『世界史』の著者のもうひとつの代表作。十字軍の時代からナポレオンによる崩壊まで、軍事・造船・行政の技術や商業資本の蓄積に着目し、地中海最強の都市国家の盛衰と、文化の相互作用を描き出す。

2192

パット・バー著／小野崎晶裕訳
イザベラ・バード 旅に生きた英国婦人

日本、チベット、ペルシア、モロッコ……。外国人が足を運ばなかった未開の奥地まで旅した十九世紀後半の最も著名なイギリス人女性旅行家。その幼少期から異国での苦闘、晩婚後の報われぬ日々まで激動の生涯。

2200

南川高志著
ローマ五賢帝 「輝ける世紀」の虚像と実像

賢帝ハドリアヌスは、同時代の人々には恐るべき「暴君」だった！「人類が最も幸福だった」とされるローマ帝国最盛期は、激しい権力抗争の時代でもあった。平和と安定の陰に隠された暗闘を史料から解き明かす。

2215

川北 稔著
イギリス 繁栄のあとさき

今日英国から学ぶべきは、衰退の中身である——。産業革命を支えたカリブ海の砂糖プランテーション。資本主義を担ったジェントルマンの非合理性……。世界システム論を日本に紹介した碩学が解く大英帝国史。

2224

本村凌二著
愛欲のローマ史 変貌する社会の底流

カエサルは妻に愛をささやいたか？ 古代ローマ人の愛と性のかたちを描き、その内なる心性と歴史の深層をとらえる社会史の試み。性愛と家族をめぐる意識の変化は、やがてキリスト教大発展の土壌を築いていく。

2235

自然科学

西洋占星術史 科学と魔術のあいだ
中山 茂著（解説・鏡リュウジ）
「星占い」の起源には紀元前一〇世紀頃、現在のバグダッド南方に位置するバビロニアで生まれた技法がある。紆余曲折を経ながら占星術がたどってきた長大な道のりを描く、コンパクトにして壮大な歴史絵巻。
2580

脳とクオリア なぜ脳に心が生まれるのか
茂木健一郎著
ニューロン発火がなぜ「心」になるのか？「私が私であることの不思議」、意識の謎に正面から挑んだ、茂木健一郎の核心！ 人工知能の開発が進み人工意識が現実的に議論される時代にこそ面白い一冊！
2586

形を読む 生物の形態をめぐって
養老孟司著
生物の「形」が含む「意味」とは何か？ 解剖学、生理学、哲学、美術……古今の人間の知見を豊富に使って繰り広げられる、スリリングな形態学総論！ 形を読むことは、人間の思考パターンを読むことである。
2600

暦と占い 秘められた数学的思考
永田 久著
古代ローマ、中国の八卦から現代のグレゴリオ暦まで古今東西の暦を読み解き、数の論理で暦と占いのつながりを明らかにする。伝承、神話、宗教に迷信や権力欲も取り込んだ知恵の結晶を概説する、蘊蓄満載の科学書。
2605

ガリレオの求職活動 ニュートンの家計簿 科学者たちの生活と仕事
佐藤満彦著
「お金がない、でも研究したい！」〝科学者〟という職業が成立する以前、研究者はいかに生計を立てたのか。パトロン探しに権利争い、師弟の確執——天才たちの波瀾万丈な生涯から辿る、異色の科学史！
2611

物理学の原理と法則 科学の基礎から「自然の論理」へ
池内 了著
世界の真理は、単純明快。テコの原理から $E=mc^2$、量子力学まで、中学校理科の知識で楽しく読めて、エッセンスが理解できる名手の見事な解説。エピソード満載でおくる「文系のための物理学入門」の決定版！
2646

自然科学

数学の考え方
矢野健太郎著（解説・茂木健一郎）

数学とは人類の経験の集積である。ものの見方、考え方の歴史としてその道程を振り返るとき、眼前には見たことのない「風景」が広がるだろう。数えることから現代数学までを鮮やかにつなぐ、数学入門の金字塔。

2315

イヌ どのようにして人間の友になったか
J・C・マクローリン著・画／澤﨑　坦訳（解説・今泉吉晴）

アメリカの動物学者でありイラストレーターでもある著者が、人類とオオカミの子孫が友として同盟を結ぶまでの進化の過程を、一〇〇点以上のイラストと科学的推理をまじえてやさしく物語る。犬好き必読の一冊。

2346

天才数学者はこう解いた、こう生きた 方程式四千年の歴史
木村俊一著

ピタゴラス、アルキメデス、デカルト……天才の発想と生涯に仰天！　古代バビロニアの60進法からヒルベルトの「二〇世紀中に解かれるべき二三の問題」まで、数学史四千年を一気に読みぬく痛快無比の数学入門。

2360

人間の由来（上）（下）
チャールズ・ダーウィン著／長谷川眞理子訳・解説

『種の起源』から十年余、ダーウィンは初めて人間の由来と進化を本格的に扱った。昆虫、魚、両生類、爬虫類、鳥、哺乳類から人間への進化を「性淘汰」で説明。我々はいかにして「下等動物」から生まれたのか。

2370・2371

アーネスト・サトウの明治日本山岳記
アーネスト・メイスン・サトウ著／庄田元男訳

幕末維新期の活躍で知られる英国の外交官サトウ。彼は日本の「近代登山の幕開け」に大きく寄与した人物でもあった。富士山、日本アルプス、高野山、日光と尾瀬……。数々の名峰を歩いた彼の記述を抜粋、編集。

2382

星界の報告
ガリレオ・ガリレイ著／伊藤和行訳

月の表面、天の川、木星……。ガリレオにしか作れなかった高倍率の望遠鏡に、宇宙は新たな姿を見せた。その衝撃は、伝統的な宇宙観の破壊をもたらすことになる。人類初の詳細な天体観測の記録が待望の新訳！

2410